DIETA ANTIINFl

UN PROGRAMA COMPLETO DE ALIMENTOS CON
CONSEJOS Y RECETAS QUE PURIFICAN, FORTALECEN EL
SISTEMA INMUNITARIO, PROTEGIENDO SU SALUD.

KELI BAY

—

—

Introducción

Todos sabemos que una dieta sana es buena para el cuerpo y ayuda a perder peso. Pero ¿sabías que también puede ayudar a reducir la hinchazón, el dolor de la artritis, la hinchazón después de una cirugía e incluso el dolor muscular?

La dieta antiinflamatoria consiste en una alimentación que hace hincapié en los alimentos ricos en antioxidantes. Estos alimentos incluyen frutas, verduras y plantas. Los antioxidantes ayudan a neutralizar los radicales libres en el cuerpo y ayudan a prevenir varios problemas de inflamación crónica.

Esta dieta no prohíbe los animales que se sabe que son inflamatorios, como la carne roja o los huevos. Sin embargo, recomienda limitar el consumo de este tipo de animales a solo dos veces por semana. Esto significa comer carne roja los lunes y los miércoles y huevos cada dos días.

Si quieres reducir tu inflamación, deberás elegir una dieta rica en nutrientes antiinflamatorios. Los alimentos antiinflamatorios están repletos de nutrientes que ayudan a reducir la inflamación en todo el cuerpo.

Intenta comer muchos alimentos ricos en nutrientes antiinflamatorios como los ácidos grasos omega-3, que se encuentran en el pescado, la soja y el aceite de canola. Estos alimentos reducirán la inflamación y ayudarán a reparar los daños en los tejidos.

Debes comer más frutas y verduras con bajo contenido de compuestos inflamatorios. Estos alimentos incluyen calabaza, zanahorias, pimientos verdes, manzanas y moras. Las frutas con alto contenido en nutrientes antiinflamatorios son los arándanos, las ciruelas y las peras. Las verduras incluyen el brócoli y el apio. Otra buena forma de obtener más nutrientes antiinflamatorios es beber té verde. Se ha demostrado que el té verde tiene importantes efectos antiinflamatorios en el organismo tras su consumo. El té verde también puede ayudar a reducir el riesgo de desarrollar muchos tipos de cáncer.

La gente siempre pregunta cuál es la mejor dieta para la artritis, pero hay muchos tipos diferentes de artritis. Cada persona con artritis tiene necesidades dietéticas diferentes, pero hay varias cosas que suelen ser comunes entre las personas con artritis.

Tienen dificultades para digerir los alimentos ricos en proteínas, como la carne y los huevos. Esto se debe a que estos alimentos tienden a ser difíciles de absorber y utilizar como energía para sus cuerpos. Por ello, una persona con artritis suele seguir una dieta baja en proteínas, como la dieta antiinflamatoria que se explica a continuación.

La dieta antiinflamatoria es un plan de alimentación que ayuda a alterar el entorno ácido del cuerpo. El cuerpo mantiene naturalmente un entorno ácido en forma de ácido clorhídrico en el estómago. El sistema digestivo humano necesita esta acidez para destruir las bacterias y los gérmenes dañinos.

Sin embargo, cuando las personas padecen enfermedades como la artritis reumatoide o el lupus, esta acidez puede desequilibrarse y ser demasiado elevada. Cuando esto ocurre, el cuerpo libera unas sustancias químicas llamadas prostaglandinas, que causan inflamación. La dieta antiinflamatoria se desarrolló para ayudar a equilibrar los niveles de pH del cuerpo reduciendo la cantidad de alimentos que contienen proteínas e ingiriendo más alimentos alcalinos, como verduras y frutas. Sin embargo, como esto no funciona necesariamente para todo el mundo, es posible que tengas que consultar a tu médico antes de hacer cualquier cambio en tus hábitos alimenticios.

Capítulo 1. La dieta antiinflamatoria que te salva de todas las enfermedades

Antes de que nos sumerjamos en los detalles de la dieta antiinflamatoria, primero debes entender de qué se trata la inflamación. En este momento, te estarás preguntando por qué esta dieta es tan importante o por qué necesitas seguirla. El término "inflamación" suele tener una connotación negativa, pero la verdad es que la inflamación es una respuesta o proceso natural del cuerpo. Sin ella, el cuerpo no puede protegerse de las cosas que pueden causar daño. Pero una vez que la inflamación se sale de control, las cosas empiezan a ir cuesta abajo. En este capítulo, aprenderás la verdad sobre la inflamación, junto con una introducción a la dieta antiinflamatoria y cómo empezar a seguirla.

El funcionamiento interno de tu sistema inmunológico

La inflamación no solo se refiere a algo que aumenta de tamaño. La inflamación es una respuesta saludable del sistema inmunitario a los virus, las lesiones y las infecciones. Cada vez que el cuerpo se daña o se infecta, el sistema inmunitario desencadena la inflamación como parte del proceso de curación. La inflamación también puede ser una respuesta protectora en la que intervienen mediadores moleculares, células inmunitarias y vasos sanguíneos. En este caso, la inflamación tiene por objeto eliminar los tejidos dañados, despejar las causas primarias de las lesiones en las células, purgar las células muertas e iniciar el proceso de reparación de los tejidos. Como puedes ver, la inflamación es muy importante. Este tipo de inflamación natural y beneficiosa se conoce como inflamación aguda. Nuestro cuerpo necesita la inflamación aguda, que siempre se apaga cuando el cuerpo vuelve a la normalidad.

Sin embargo, cuando la inflamación en el cuerpo se mantiene a pesar de la ausencia de infecciones o de cualquier otra amenaza, se conoce como inflamación crónica, el tipo de inflamación mala que se asocia con varias condiciones de salud. Hay varias razones por las que puede producirse una inflamación crónica, entre ellas

- La presencia de algún tipo de trastorno autoinmune como la esclerosis múltiple, la enfermedad celíaca o la diabetes tipo 1, por ejemplo.

- Cuando tu cuerpo no es capaz de eliminar el agente que causa la inflamación, como en el caso de las sensibilidades alimentarias.

- Cuando se experimenta un estrés crónico.

- Cuando estás constantemente expuesto a niveles bajos de irritantes, como contaminantes ambientales o sustancias químicas tóxicas de las que no eres consciente.

Si puedes identificar la causa de tu inflamación crónica, podrás determinar cómo superarla. Si crees que sufres una inflamación crónica, deberías hablar con tu médico al respecto. Esto es lo que yo hice cuando sentía que siempre había algo malo en mí. Cuando mi médico me dijo que ya estaba en riesgo, me abrió los ojos y me obligó a reevaluar mis opciones de estilo de vida. Hacer una transición a la dieta antiinflamatoria incluso antes de que te diagnostiquen inflamación crónica o cualquier otro tipo de enfermedad asociada a la inflamación es tu opción más saludable. Esto significa que puedes evitar la inflamación crónica por completo, para que tu cuerpo pueda utilizar la inflamación correctamente.

La dieta antiinflamatoria se centra en las frutas, las verduras, los cereales integrales, las grasas saludables, las proteínas magras, las hierbas, las especias y los alimentos que contienen ácidos grasos omega-3. También pretende minimizar o eliminar el consumo de alcohol en exceso, carne roja y productos alimenticios procesados. Aunque se llama "dieta", concentrarse en los alimentos antiinflamatorios es más bien un estilo de alimentación. No hay que seguir unas pautas estrictas. En cambio, se aprende a tomar decisiones más saludables de forma consciente en lo que respecta a los alimentos.

¿Qué causa la inflamación crónica?

Ahora que sabes que la inflamación es una respuesta natural del cuerpo, no tienes que verla como algo negativo. En su lugar, debes aceptar que la inflamación se produce y asegurarte de que solo se produce cuando es necesario. De lo contrario, si la inflamación sigue produciéndose en tu cuerpo o si nunca desaparece, esto indicaría que ya sufres de inflamación crónica.

El tipo "bueno" de inflamación, la inflamación aguda, es el dolor, la hinchazón, el calor y el enrojecimiento que aparecen alrededor de las articulaciones o los tejidos cuando te lesionas. Esto ocurre cuando el sistema inmunitario libera glóbulos blancos en respuesta a la lesión. Estos glóbulos blancos rodean el lugar de la lesión para mantener toda la zona protegida. Gracias a la inflamación aguda, las lesiones e infecciones pueden curarse más rápida y eficazmente.

Una vez que la inflamación aumenta hasta niveles excesivos o no desaparece incluso después de que las infecciones o lesiones hayan desaparecido, se considera una inflamación crónica. En este caso, el sistema inmunitario produce continuamente glóbulos blancos y otros mensajeros químicos que mantienen la inflamación. En otras palabras, tu cuerpo siente que está siendo atacado constantemente, por lo que tu sistema inmunitario siempre está contraatacando. Con el tiempo, este tipo de inflamación empezará a tener efectos adversos en tu cuerpo, e incluso podría conducir a varias condiciones de salud graves.

Esto ocurre porque los glóbulos blancos que produce constantemente tu sistema inmunitario empiezan a atacar tus órganos y tejidos sanos. Por ejemplo, si tienes sobrepeso u obesidad, tu cuerpo tendrá muchas células de grasa visceral. Si sufrieras una inflamación crónica, tu sistema inmunitario podría considerar esas células como una amenaza, por lo que los glóbulos blancos que produce empezarían a atacar esas células de grasa visceral. En este caso, mientras sigas teniendo sobrepeso u obesidad, tu cuerpo seguirá experimentando una inflamación crónica.

Por naturaleza, la inflamación crónica puede permanecer durante largos períodos. Provoca la aparición de otras enfermedades y, a su vez, estas enfermedades también pueden provocar la inflamación. Esto inicia un círculo vicioso de daños en el cuerpo al que hay que poner fin haciendo cambios en la dieta y el estilo de vida. Aparte de las enfermedades, la inflamación crónica puede ser causada por otros factores como:

- La exposición prolongada (y a menudo inconsciente) a cosas que causan irritaciones o reacciones alérgicas en tu cuerpo. Estos pueden venir en forma de productos químicos, contaminación, o incluso de los alimentos que comes.

- Un trastorno autoinmune en el que el sistema inmunitario ataca los tejidos sanos del cuerpo.

- Una lesión o infección no tratada. La respuesta natural a esto sería una inflamación aguda, pero sin tratamiento, podría llevar a una inflamación crónica.

- Hábitos poco saludables como el tabaquismo y el consumo excesivo de alcohol, por ejemplo.

El reto de la inflamación crónica es que es diferente para cada persona. Algunas personas pueden experimentar síntomas graves que alteran su vida, mientras que otras no notan ningún síntoma. Para estas últimas, esto podría ser más peligroso, porque no sabrán que ya están sufriendo una inflamación crónica. Con el tiempo, esto podría conducir al desarrollo de un trastorno crónico, que sería mucho más difícil de tratar. Además, hay algunos casos en los que la inflamación crónica se produce sin ninguna causa subyacente evidente. Si te preocupa esto (y debería), algunos de los síntomas más comunes a los que debes prestar atención son el dolor abdominal, la fiebre, la fatiga, el dolor de pecho, las llagas en la boca o las erupciones cutáneas. Si has estado experimentando estos síntomas y no desaparecen, es posible que ya estés sufriendo una inflamación crónica.

Si experimentas una inflamación aguda, por lo general no tienes que preocuparte, ya que es la respuesta natural de tu cuerpo. Por lo general, puedes dormir para disminuir los síntomas, usar una compresa fría o tomar un analgésico para aliviar las molestias. Pero si puedes soportar el dolor, lo mejor es dejar que tu cuerpo se cure por sí mismo. La inflamación crónica es más difícil, sobre todo si no manifiestas ningún síntoma. Por eso se recomienda acudir a revisiones periódicas con tu médico para que pueda determinar si sufres una inflamación crónica, aunque no sientas nada. Naturalmente, si quieres evitar la inflamación crónica y todos los riesgos que conlleva, debes adelantarte a ella. Empieza a hacer cambios en tu estilo de vida y en tu dieta. La buena noticia es que estás leyendo este libro, lo que significa que ya estás en camino de aprender a vivir una vida más saludable.

.

Capítulo 2. ¿Qué es la inflamación?

La inflamación aguda, o de corta duración, es una parte saludable del proceso natural de curación del cuerpo. La inflamación crónica, en cambio, se ha vuelto más frecuente debido a la exposición prolongada a alimentos y toxinas ambientales que provocan una respuesta inflamatoria. Las condiciones de alto estrés físico y emocional, la falta de sueño, el estilo de vida sedentario y los períodos prolongados de sobrepeso u obesidad también contribuyen. Cuando nuestro cuerpo se encuentra crónicamente en un modo inflamatorio y reactivo, puede ser la causa principal de muchas afecciones, como alergias, asma, cáncer, diabetes, enfermedades autoinmunes y algunos trastornos neurológicos degenerativos como el Parkinson y el Alzheimer.

Es importante recordar que, aunque los episodios prolongados de inflamación aguda no tratados pueden conducir a una inflamación crónica con el tiempo, las respuestas inflamatorias agudas no son infrecuentes y forman parte natural de los estilos de vida activos y saludables. Los hábitos y las rutinas son variables controlables en nuestras vidas que afectan a la salud. Tu puedes prevenir y revertir muchas condiciones inflamatorias crónicas haciendo cambios impactantes en tu estilo de vida ahora.

Síntomas de la inflamación

La inflamación suele presentarse de formas que varían de un individuo a otro. Los síntomas varían en función de la causa, la zona principal afectada y la duración de la afección. Los síntomas de la inflamación aguda también suelen ser más fáciles de identificar y solo afectan a una zona localizada. Entre ellos se encuentran el dolor y la sensibilidad, la hinchazón o la retención de líquidos (edema), el enrojecimiento o la erupción, la dificultad para respirar (como en el caso de una reacción alérgica) y la inmovilidad (como en el caso de una lesión).

La inflamación crónica puede manifestarse de forma similar, pero presenta una gama más amplia de síntomas que muchas personas pasan por alto o no asocian con la inflamación. Estos síntomas incluyen niebla cerebral; cambios en el estado de ánimo; fatiga y agotamiento crónicos; disfunción intestinal como hinchazón, gases, diarrea y/o estreñimiento; aumento de la intolerancia a los alimentos; erupción cutánea crónica o acné; aumento de peso; aumento de la presión arterial; y falta de control del azúcar en sangre.

	INFLAMACION AGUDA	INFLAMACION CRONICA
CAUSAS	- Enfermedad de corta duración - Exposición breve a toxinas o a ciertos alimentos - Traumatismos (como una caída, una herida punzante o una operación) - Estrés físico (como ejercicio intenso o sobreesfuerzo muscular)	- Respuesta inflamatoria aguda que no se aborda y se convierte en una condición a largo plazo - Disminución de la función inmunitaria - Oxidación de las células por la exposición prolongada a alimentos tóxicos o contaminantes ambientales - Elección de una dieta inadecuada que provoca sobrepeso u obesidad a largo plazo - Estrés físico o emocional a largo plazo y/o falta de sueño
ATAQUE	Inmediato	Prolongado

EJEMPLOS	- Reacción alérgica a un alimento o sustancia - Esguince de tobillo, desgarro muscular u otras lesiones articulares - Moretón o abrasión - Quemadura de sol - Hiedra venenosa o picadura de insecto	- Resistencia a la insulina, síndrome metabólico y la consiguiente diabetes de tipo 2 - Enfermedades autoinmunes, como el lupus y la artritis reumatoide, que hacen que el cuerpo ataque a sus propias células - Enfermedad inflamatoria intestinal (EII) - Enfermedades de la piel como la psoriasis y el eczema
DURACIÓN	Menos de un mes; a menudo menos de un día cuando se trata	Más de un mes y hasta varios años

TRATAMIENTOS COMUNES	- Antiinflamatorios no esteroideos (AINE) de venta libre, como la aspirina y el ibuprofeno - Corticosteroides como el cortisol tópico u oral - Protocolo RICE para lesiones articulares o musculares: Reposo, Hielo, Compresión, Elevación	- Protocolo dietético antiinflamatorio - Medicamentos recetados para tratar estados de enfermedad específicos y síntomas asociados - Suplementos naturistas orales como la curcumina, el aceite de pescado y el aceite de CBD

Los niveles de inflamación tanto aguda como crónica pueden identificarse con un análisis de sangre del biomarcador de la proteína C reactiva (PCR). La PCR es una proteína inflamatoria aguda que se concentra en los focos de inflamación o en presencia de enfermedades crónicas, como la artritis reumatoide, las enfermedades cardiovasculares y las infecciones. Muy pocos fármacos prescritos para "tratar" afecciones crónicas disminuyen los niveles de PCR, aunque pueden reducir los síntomas de la afección. Hasta que no se haya extinguido la respuesta inflamatoria, la enfermedad o afección nunca se tratará por completo, sino que solo se silenciará temporalmente mediante intervenciones farmacológicas.

Así que muchos de los síntomas de la inflamación crónica son más conocidos por su enfermedad crónica diagnosticada. Aumento de peso = obesidad. Aumento de la presión arterial = hipertensión. Aumento del azúcar en sangre o hiperglucemia = prediabetes o diabetes. Disfunción intestinal = síndrome inflamatorio intestinal (SII). Erupción crónica = psoriasis. Niebla mental o función cerebral reducida = Alzheimer de inicio temprano. También se ha estudiado ampliamente el papel de la inflamación en el desarrollo y la progresión de ciertos tipos de cáncer. Los resultados relacionan la respuesta inflamatoria con el 15-20% de todas las muertes por cáncer en el mundo. En lugar de diagnosticar y recetar, veamos estas afecciones como lo que son: síntomas de un cuerpo crónicamente inflamado. Una vez que comprendamos las causas fundamentales de estos síntomas, podremos detener la inflamación y revertir la condición.

Medidas que puedes tomar para reducir la inflamación

La buena noticia es que hay medidas que puedes tomar proactivamente para reducir la inflamación en el cuerpo y reducir los síntomas de la inflamación crónica. Desde la adición de ciertos alimentos a tu dieta hasta el examen de las opciones de estilo de vida, aquí hay algunas consideraciones para poner en marcha un plan de acción antiinflamatorio.

Opciones dietéticas

"Somos lo que comemos", como dice la frase común. Cuanto más investigamos los efectos de ciertos alimentos en el cuerpo, más se confirma este dicho. Por desgracia, la dieta americana estándar (SAD) está repleta de alimentos procesados, con alto contenido en azúcar, cargados de productos químicos y "falsos" mejorados artificialmente, que hacen que demasiadas personas se sientan desgraciadas a diario. Si compraras un coche nuevo en el que confiaras para un transporte seguro y fiable para tu familia y quisieras que dure al menos 10 años, ¿le pondrías gasolina aguada? ¿No cambiarías nunca el aceite? Por supuesto que no. Entonces, ¿por qué no tratar nuestros cuerpos con el mismo cuidado y mantenimiento que damos a nuestros coches? Si le damos a nuestro cuerpo alimentos que le hacen más daño que bien, ¿cómo esperamos que funcione al máximo?

En los últimos años, la comunidad médica en general ha llegado a comprender mejor la fuerte conexión entre una nutrición adecuada y apropiada, la reducción de las enfermedades y la muerte. Vemos una fuerte correlación entre el consumo de ciertos alimentos y el aumento de las tasas de enfermedad, así como la importancia de hacer cambios en la dieta para mejorar y restaurar la salud. Sabemos que las dietas con alto contenido en azúcares y carbohidratos refinados procesados provocan un aumento de las tasas de obesidad, diabetes, hipertensión y enfermedades cardiovasculares, entre otras complicaciones. La Asociación Americana del Corazón (AHA) ha establecido límites en las recomendaciones diarias de azúcares añadidos en la dieta, y en 2020, la Administración de Alimentos y Medicamentos de Estados Unidos (FDA) modificó la etiqueta nutricional de los alimentos para incluir los azúcares añadidos junto con el porcentaje de recomendación diaria para ayudar a los estadounidenses a cumplir estas directrices. La mayoría de las personas aceptan y entienden que estos alimentos son "poco saludables", pero pasan por alto su conexión con la inflamación como la razón.

He encontrado un gran éxito en el tratamiento de mis pacientes con un protocolo dietético cetogénico modificado, que elimina muchos alimentos pro-inflamatorios típicamente aceptados como ceto-amigables e incluye una amplia variedad de grasas anti-inflamatorias, frutas y verduras de colores, y fuentes de proteínas de calidad. Al centrarse en estos alimentos y reducir en gran medida el número de carbohidratos en la dieta, mi protocolo de dieta cetogénica antiinflamatoria es extremadamente eficaz para reducir la inflamación y mejorar la salud, manteniendo al mismo tiempo la variedad nutricional, la palatabilidad y la sostenibilidad.

Cambios en el estilo de vida

Es importante observar no solo lo que se come, sino también cómo se vive en el día a día. Los hábitos y las rutinas positivas también pueden influir en la inflamación.

Dormir

Dormir no es un lujo, sino una necesidad para el buen funcionamiento de las células y el cerebro, la regulación del azúcar en sangre, el control del peso y la estabilidad del estado de ánimo. Los estudios demuestran que un sueño inadecuado eleva los niveles de azúcar en sangre, independientemente de la intervención dietética o de la prescripción, lo que conduce al aumento de peso y a la resistencia a la insulina. Recomiendo que el objetivo sea dormir entre seis y ocho horas cada noche. Si acostarse tarde es tu hábito normal, intenta acostarte 15 minutos antes cada semana hasta que hayas cambiado tu horario de forma natural y hayas aumentado el tiempo de sueño.

Actividad física

La actividad no significa necesariamente ejercicio. Encuentra una actividad que te guste y crea una nueva rutina para realizarla. Caminar con un amigo (o en solitario), montar en bicicleta, nadar, bailar y hacer estiramientos son todas formas maravillosas de actividad física que mejoran la salud del corazón, reducen el estrés y la inflamación y mejoran el estado de ánimo. Si el movimiento es nuevo para ti, establece un objetivo de 5 a 10 minutos diarios y aumenta a partir de ahí lo que desees. Lo importante es establecer la rutina y el hábito en lugar de centrarse en la intensidad o la duración. Una vez que la rutina esté arraigada, será fácil continuarla como una práctica de por vida.

Reducción del estrés

Ya sean físicas (ejercicio intenso o un trabajo físicamente exigente) o emocionales (plazos de entrega en el trabajo, luchas familiares, preocupaciones financieras), las situaciones estresantes ponen a nuestro cuerpo en modo "lucha o huida", provocando picos de insulina, reducción de la tasa metabólica y aumento de la presión arterial. Cuando son temporales, estos mecanismos naturales de defensa no causan daños a largo plazo, pero cuando el estrés es crónico, conduce a un mayor riesgo de enfermedad por un estado inflamatorio crónico. En nuestro acelerado mundo, es casi imposible evitar el estrés, pero podemos trabajar para ayudar a nuestro cuerpo a mitigar su impacto negativo. Ya sea mediante el ejercicio, la meditación, la lectura, el diario, la música, los masajes u otras actividades relajantes, es importante ayudar al cuerpo a liberar y manejar el estrés diario.

Pérdida de peso

Lograr y mantener un peso saludable se ha asociado desde hace tiempo con resultados positivos para la salud. No solo el hecho de tener menos peso reduce el estrés de nuestras articulaciones, corazón, pulmones y otros órganos vitales, sino que también tendemos a sentirnos mejor emocionalmente, lo que puede tener un impacto muy positivo en nuestro estilo de vida y en nuestras elecciones nutricionales.

Cuando el cuerpo tiene un exceso de macronutrientes almacenados (más grasa corporal de la que necesita), estimula la liberación de factores proinflamatorios en el torrente sanguíneo. Éstos provocan un estrés oxidativo en las células, lo que puede dar lugar a muchas afecciones, como el cáncer, la resistencia a la insulina, el síndrome metabólico y las enfermedades cardiovasculares. Reducir el exceso de almacenamiento de grasa mediante una pérdida de peso saludable puede detener este proceso inflamatorio y reducir el riesgo de enfermedad.

.

Capítulo 3. Aguda o crónica: Las diferencias

Cómo deshacerse de la inflamación

Cuando realizas cambios positivos en tu dieta y estilo de vida puedes reducir el riesgo de inflamación crónica. Si comes constantemente alimentos inflamatorios, éstos empezarán a afectar negativamente a tu cuerpo. Del mismo modo, si practicas constantemente hábitos poco saludables, la inflamación crónica te seguirá de cerca. La dieta antiinflamatoria es solo un aspecto de llevar una vida más saludable. Vamos a hablar de los consejos más prácticos y eficaces para reducir la inflamación.

Haz ejercicio con regularidad

El ejercicio regular es esencial si quieres reducir o prevenir la inflamación. Para obtener los mejores resultados, intenta hacer ejercicio todos los días. Varía tus rutinas de ejercicio e intenta divertirte con ellas. Si no te sientes motivado para hacer ejercicio por tu cuenta, puedes probar a apuntarte a una clase, ya sea online o en un gimnasio, donde podrás ejercitarte con otras personas. Si el ejercicio no forma parte de tu estilo de vida actual, puedes empezar poco a poco añadiendo más actividades físicas a tu día, como ir andando al trabajo, subir las escaleras en lugar de coger el ascensor o incluso caminar por la oficina cada 30 minutos de estar sentado en tu mesa.

Aprende a controlar el estrés

Ya he mencionado cómo el estrés puede causar o contribuir a la inflamación crónica. Quieres evitar los altos niveles de estrés, y puedes hacerlo aprendiendo a manejar tu estrés de manera más efectiva. Hay muchas formas de hacerlo, como aprender a gestionar el tiempo, la meditación, la biorretroalimentación o el yoga. Prueba diferentes métodos para ver cuál te funciona mejor.

Consigue un peso saludable

Las personas obesas o con sobrepeso son más propensas a la inflamación. Si sabes que entras en estas categorías, ¡tengo una gran noticia para ti! Siguiendo las recomendaciones especificadas en este libro y siguiendo esta dieta, puedes empezar a deshacerse de esos obstinados kilos de más. Dado que esta dieta es sana y equilibrada, tu cuerpo se deshará felizmente de las reservas innecesarias que suelen venir en forma de exceso de grasa y agua. Cuando empieces a perder peso, también podrás disminuir la inflamación en tu cuerpo -y los riesgos asociados a ella-.

Considera el ayuno

¿Has considerado alguna vez seguir el patrón de alimentación del ayuno intermitente (AI)? El ayuno puede ser muy beneficioso para reducir la inflamación. Y lo mejor del ayuno intermitente es que hay varias formas de hacerlo. Combinar el ayuno intermitente con la dieta antiinflamatoria puede dar resultados maravillosos. Prueba a hacerlo empezando por saltarte comidas espontáneamente y ve avanzando hacia periodos de ayuno más largos. Tu cuerpo te lo agradecerá.

No te permitas tener "hambre

Cuando se trata de ayunar, debes hacerlo gradualmente. De lo contrario, puedes acabar sintiendo "hambre". Esto es cuando te sientes tan hambriento que acabas enfadándote por cualquier cosa. Aunque "hambriento" no es un término técnico, describe perfectamente la situación. Cuando tienes hambre, tiendes a comer en exceso. Y lo que es peor, acabarás anhelando alimentos poco saludables que, además, suelen ser de naturaleza inflamatoria.

Tómate un descanso del alcohol

Dado que el consumo excesivo de alcohol puede causar inflamación, es posible que desees tomar un descanso (temporal) del alcohol. Si eres el tipo de persona a la que le gusta tomarse una copa de vino, una botella de cerveza o un cóctel cada noche, considera la posibilidad de frenar el impulso durante un par de días. Hacer esto ayuda a tu cuerpo a calmarse mientras reduce cualquier inflamación que se esté produciendo dentro de tu cuerpo. Luego, puedes volver a tu rutina, pero esta vez, opta por bebidas alcohólicas más saludables que no contengan azúcar añadido.

Por supuesto, si quieres reducir la inflamación y mejorar tu salud a largo plazo, es posible que quieras dejar de consumir alcohol por completo. Entiendo que esta es una de las cosas más difíciles de hacer, sobre todo porque disfrutar de una copa de vino tinto después de un largo y agotador día parece muy relajante, ¡pero tu cuerpo seguramente te lo agradecerá! Si todavía no estás seguro, ¿por qué no llevas a cabo un experimento? Intenta hacer un "Reto de 10 días" en el que dejes el alcohol y lo sustituyas por un hábito más saludable, como acostarte temprano. Hazlo durante diez días y comprueba cómo mejora tu salud. Después, intenta mantener este hábito durante más tiempo...

Duerma lo suficiente cada noche

Hoy en día, sentimos que no tenemos suficiente tiempo a lo largo del día para hacer todo lo que queremos o necesitamos hacer. Por ello, tendemos a quedarnos despiertos hasta tarde en un intento de terminar todas nuestras tareas a tiempo. En algunos casos, la gente se queda despierta porque es su único momento para desconectar y relajarse. ¿Pero no es mucho más relajante dormirse temprano? También es más saludable. Dormir lo suficiente cada noche (entre siete y ocho horas) ayuda al cuerpo a descansar y repararse. Pero si habitualmente duermes menos de las horas recomendadas, esto puede exacerbar la inflamación en tu cuerpo, e incluso podría conducir a una inflamación crónica.

Se exigente con la comida

Aunque ser quisquilloso con la comida no es algo bueno para los niños, como adulto es algo que debes empezar a practicar. Tanto si eliges ingredientes para cocinar como si buscas alimentos listos para consumir, es importante que compruebes las etiquetas para asegurarte de que solo adquieres productos saludables.

Elije alimentos antiinflamatorios

Por último, deberías empezar a seguir una dieta antiinflamatoria. Esta es una dieta muy fácil, ya que no es demasiado estricta ni restrictiva. Simplemente tienes que aprender a hacer elecciones más saludables en cuanto a la alimentación y seguir un par de pautas sencillas para estar más sano. Por ejemplo, tendrás que cargarte de frutas y verduras, condimentar tus comidas con hierbas y especias, introducir probióticos en tu dieta, minimizar el consumo de lácteos y hacer algunos ajustes más para "limpiar" tu dieta actual.

Con todos estos consejos, ya estás preparado para aprender más sobre la dieta antiinflamatoria. Entre todos los cambios de estilo de vida que debes hacer, este es probablemente el más significativo, así que ¡sigue leyendo!

Capítulo 4. Alimentos y sustancias que eliminan las causas inflamatorias

Los alimentos que combaten la inflamación también se denominan alimentos antiinflamatorios. Naturalmente, son los que reducen la inflamación en su cuerpo. Por lo general, estos alimentos contienen nutrientes importantes como polifenoles, antioxidantes y otros compuestos antiinflamatorios que ayudan a que estés más sano a la vez que proporcionan efectos protectores. Los alimentos antiinflamatorios en los que hay que centrarse son

Huevos

Los huevos se consideran un "alimento funcional", ya que contienen componentes y nutrientes esenciales que afectan a las respuestas inflamatorias del organismo. En particular, el contenido de vitamina D de los huevos los convierte en una increíble opción antiinflamatoria.

Pescado y marisco

El pescado y el marisco son maravillosas fuentes de proteínas. También contienen nutrientes esenciales como los ácidos grasos omega-3 que ayudan a reducir la inflamación. A la hora de elegir el pescado, es mejor optar por el de captura salvaje en lugar del criado en granja. Por supuesto, este último sigue siendo una mejor opción que los alimentos que favorecen la inflamación. Deberías intentar comer pescado y marisco al menos tres veces por semana. Estas son algunas de las opciones que puedes elegir:

- Anchoas

- Arenque

- Caballa

- Ostras

- Salmón

- Sardinas

- Trucha

- Atún

Frutas

Las frutas son esenciales para la salud. Consideradas como "los dulces de la naturaleza", las frutas son deliciosas, refrescantes y contienen muchos nutrientes que pueden ayudar a prevenir la inflamación. Por ejemplo, los aguacates son ricos en vitamina E y grasas monoinsaturadas, ambas con beneficios antiinflamatorios. Las bayas están repletas de vitaminas, minerales, fibra y antocianinas, un tipo de antioxidante que tiene efectos antiinflamatorios. Los mejores tipos de bayas para picar son las moras, los arándanos y las frambuesas.

También están las cerezas, una fruta deliciosa que contiene catequinas y antocianinas, antioxidantes que combaten la inflamación. Las cerezas ácidas son las mejores si quieres reducir la inflamación. Las uvas también son muy antiinflamatorias porque también contienen antocianinas. También contienen resveratrol, un compuesto que ofrece varios beneficios para la salud. Aparte de estas, aquí hay más ejemplos de frutas para incluir en tu dieta:

- Manzanas

- Albaricoques

- Plátanos

- Naranjas

- Piña

- Fresas

Grasas saludables

El uso de grasas saludables en la cocina es una gran manera de incluir alimentos antiinflamatorios en su dieta. Las grasas saludables contienen ácidos grasos omega-9 que ayudan a reducir la inflamación. El uso de estos aceites para aderezar ensaladas, cocinar e incluso hornear puede ayudarle a mejorar su salud. Incluye estas grasas saludables en su dieta:

- Aceite de aguacate

- Aceite de coco

- Aceite de uva

- Aceite de oliva

Hierbas y especias

Las hierbas y las especias son adiciones importantes a tu dieta, ya que añaden nutrientes y sabor a tus platos. Cuando cocines varias recetas, puedes añadir estas hierbas y especias para obtener un impulso de bondad antiinflamatoria. Por ejemplo, el ajo se utiliza con mucha frecuencia en los platos por el sabor y el aroma que aporta. Pero además de esto, también ofrece beneficios antiinflamatorios y de otro tipo para la salud. Las cebollas también son muy comunes, ya que reducen la inflamación, los niveles de colesterol y el riesgo de desarrollar enfermedades cardíacas.

La cúrcuma es una de las especias más exóticas que existen, y tiene un sabor muy fuerte y terroso. Se suele utilizar en platos indios como el curry. Esta especia contiene un potente compuesto conocido como curcumina, que ayuda a reducir la inflamación en gran medida. Varias hierbas también reducen la inflamación al tiempo que añaden nuevos y maravillosos sabores a tus platos. A medida que te conviertas en un gran cocinero, experimenta con el uso de hierbas y especias para mejorar tus platos. Aquí tienes ejemplos de hierbas y especias para incluir en tu dieta:

- Canela

- Clavo de olor

- Jengibre

- Romero

- Salvia

- Tomillo

Carne magra (o carne blanca)

Si te gusta la carne, no tienes que eliminarla por completo de tu dieta. Sin embargo, debes optar por carnes magras de alta calidad siempre que sea posible. Además, elige carnes criadas en pastos, salvajes y alimentadas con hierba para evitar los compuestos de la carne que tienden a causar inflamación en el cuerpo.

Legumbres, frutos secos y semillas

Los frutos secos y las semillas contienen ácidos grasos omega-3. Ofrecen beneficios antiinflamatorios. Algunas legumbres, como las judías, también ofrecen estos beneficios, además de ser una buena fuente de proteínas. Incluye estas legumbres, frutos secos y semillas en tu dieta:

- Almendras

- Lino

- Avellanas

- Alubias rojas

- Alubias blancas

- Pistachos

- Semillas de soja

- Semillas de girasol

- Nueces

Carnes de órganos

Aunque la carne roja no se recomienda en la dieta antiinflamatoria, las vísceras y los despojos están más aceptados. De hecho, ¡cuanto más se pueda comer, mejor! Debes probar los alimentos ricos en glicinas como la piel, las articulaciones, los tejidos conectivos y el caldo de huesos, ya que contienen nutrientes que pueden ayudar a reducir la inflamación.

Probióticos

Normalmente, los alimentos ricos en probióticos vienen en forma fermentada. Aunque algunas personas no aprecien el sabor de este tipo de alimentos, deberías incluirlos en tu dieta si quieres prevenir la inflamación. Estos son ejemplos de alimentos ricos en probióticos que puedes incluir en tu dieta:

- Kéfir de leche de coco

- Yogur de leche de coco

- Fruta fermentada

- Verduras fermentadas

- Kombucha

- Kéfir de agua

Verduras

Al igual que las frutas, las verduras son una parte esencial de cualquier dieta, incluso de la dieta antiinflamatoria. Las verduras pueden comerse crudas o cocinadas, y existen una gran variedad de opciones. Cada tipo de verdura tiene sus propios nutrientes que ayudan a combatir la inflamación, al tiempo que aportan otros beneficios para la salud. Por ejemplo, el brócoli es un tipo de verdura crucífera muy rica en nutrientes y contiene antioxidantes que reducen la inflamación.

Las setas también son un complemento increíble para tus platos y vienen en diferentes variedades, como el portobello, el shiitake y las trufas, por ejemplo. Contienen antioxidantes y fenoles que protegen a tu cuerpo de la inflamación. Los pimientos, como el chile y el pimiento, también son estupendos: están llenos de antioxidantes, como la vitamina C, que ofrecen potentes beneficios antiinflamatorios. Si quieres empezar a hacer elecciones dietéticas más saludables, incluye muchas verduras en tus comidas. Intenta consumir hasta ocho porciones de verduras como estas cada semana:

- Calabaza de bellota
- Rúcula
- Remolacha
- Coles de Bruselas
- Coles
- Zanahorias
- Mandioca
- Coliflor
- Hojas de apio
- Repollos
- Hinojo
- Col rizada
- Puerros
- Lechuga
- Hojas de mostaza
- Quimbonbó
- Chirivía

- Colinabo
- Cebollas
- Verduras de mar
- Calabaza espagueti
- Espinacas
- Batata
- Nabos
- Berros
- Calabaza de invierno

Cereales integrales

Los cereales integrales te proporcionan fibra nutritiva. Dado que la fibra puede ayudar a reducir la inflamación, también puedes incluir los cereales integrales en tu dieta.

- Cebada

- Arroz integral

- Bulgur

- Avena

- Quinoa

- Harina de trigo integral

Es importante tener en cuenta que algunos cereales, como el trigo, la cebada y el centeno, no son adecuados para quienes padecen intolerancia al gluten o enfermedad celíaca.

Otros alimentos y bebidas

Hay otros tipos de alimentos que no entran en las categorías anteriores pero que también pueden encajar en tu dieta. Entre ellos se encuentran:

- El cacao y el chocolate negro contienen flavanoles, compuestos con propiedades antiinflamatorias. Puedes utilizarlos en varias recetas para hacerlas más decadentes y beneficiosas.

- El café es una bebida que contiene compuestos antiinflamatorios como los polifenoles. Si piensas cambiar tu dieta, no tendrás que despedirte de tu taza de café matutina.

- El té, especialmente el té verde, también contiene antioxidantes y otros compuestos saludables que combaten la inflamación. Añade limón o miel a tu té para darle más sabor.

A la hora de elegir los alimentos antiinflamatorios, intenta encontrar ingredientes de alta calidad, ya que no contarán con aditivos innecesarios que puedan provocarte los efectos contrarios. Para mantener tu interés por los alimentos antiinflamatorios, varía tu dieta lo máximo posible. Aprender a cocinar y probar varias recetas te ayudará a tener éxito en tu viaje de la dieta antiinflamatoria.

Capítulo 5. ¿Qué alimentos están prohibidos en una dieta antiinflamatoria?

Obviamente, la comida es importante para nuestra supervivencia y es nutritiva; una buena dieta nos ayudará a mantenernos sanos. Sin embargo, algunas personas muestran un desprecio total por su dieta y a menudo sacrifican la comida por completo.

Supongamos que piensas en lo que hace tu cuerpo por un momento mientras lees este libro. Tu cerebro lo procesa todo, tus pulmones te ayudan a respirar y tu corazón bombea continuamente. Toda esta actividad por sí sola consume mucha energía, ¡y es entonces cuando te ralentizas!

El cuerpo necesita combustible para funcionar eficazmente, igual que un coche. El sistema digestivo se encarga de convertir los alimentos en energía para tu cuerpo. Una parte de la energía se almacena y se utiliza más tarde, y otra se utilizará de inmediato; recuerda que tu cuerpo utiliza energía (incluso cuando duermes) incluso cuando crees que no estás haciendo nada.

Como puedes deducir, la comida es vital para mantenerte sano, por lo que cualquier reducción significativa de la ingesta de alimentos suele ser una mala (y peligrosa) idea. Muchas personas reducen la ingesta de alimentos para intentar perder peso. Esto es una muy mala idea por algunas razones, pero en el fondo puede hacerte enfermar gravemente.

Otras personas simplemente trabajan demasiado y no siempre se acuerdan de comer adecuadamente. Se guardan la comida en una reunión y solo tienen tiempo para tomar un almuerzo líquido. Sepa que las mujeres solo necesitan 2.000 calorías al día para vivir, y los hombres solo necesitan 2.500, ¡pero no puedes encontrarlas en un batido sustitutivo de comidas!

Cuanto más activo seas, más energía necesitarás y más alimentos deberás ingerir. Pero no debes comer cualquier cosa que te guste, sino que debes llevar una dieta equilibrada de proteínas, carbohidratos y grasas. Intenta tener siempre tiempo para comer, nuestra agitada vida no siempre nos permite prestar mucha atención a lo que comemos, pero seguro que puedes intentar hacer tres comidas principales al día.

La comida es la necesidad fundamental para todos nosotros, y todos ganamos dinero para esta necesidad fundamental. Tenemos que hacer tres comidas al día para que nuestro cuerpo siga funcionando y pueda realizar nuestras tareas cotidianas. Muchas personas "comen para vivir", mientras que otras "viven para comer". En realidad, la nutrición desempeña un papel especial en cada vida.

Las opciones de consumo de alimentos suelen dividirse en las dos categorías principales siguientes:

1- Alimentos vegetarianos: Estos alimentos incluyen la leche, la fruta y los productos vegetales. Son los que se obtienen de las plantas y los árboles.

2- Alimentos no vegetarianos: Incluyen la carne y los productos cárnicos, el pollo, el pavo, el pescado, los calamares, etc. Normalmente, los alimentos no vegetarianos se obtienen matando animales.

Calidad de los alimentos cárnicos

La nutrición de los alimentos es esencial, y los animales no pueden vivir mucho tiempo sin esta dosis diaria de nutrición. Es esencial para mantener la vida, ya que los alimentos obtenidos ayudan a nuestras células a realizar sus funciones rutinarias. Los distintos materiales tienen diversas cantidades nutricionales. Los nutrientes se clasifican en las siguientes seis clases:

1.   1. Hidratos de carbono: Son los que dan fuerza al cuerpo, y se encuentran en el pan, el arroz y otros productos de grano.

2.   Grasas: Consiste en un grupo de compuestos insolubles en agua. Se encuentran en productos como el ghee, la mantequilla, el aceite de pescado, la manteca de cerdo, etc. Las grasas se retienen en el cuerpo para su posterior uso energético.

3.   Minerales: Son necesarios para el correcto funcionamiento del organismo, como el transporte de oxígeno por todo el cuerpo, la normalización del sistema nervioso, la estimulación del crecimiento, etc. Muchos productos alimenticios, incluidos los de trigo, como el pan, el pescado, la leche y la leche en polvo, pueden contener minerales.

4.	Proteínas: Son componentes importantes de los músculos, la piel y el cabello. Las proteínas pueden ayudar a producir diversas enzimas en el cuerpo que controlan varias funciones importantes. La leche, la carne, el pescado, los huevos y las verduras son las principales fuentes de proteínas.

5.	Vitaminas: Un nutriente esencial para la buena salud. Es un compuesto orgánico esencial como nutriente. Las frutas, las verduras, los cereales, la leche y los huevos son buenas fuentes de vitaminas.

6.	Agua: Se conoce popularmente como el "elixir de la vida". El cuerpo humano contiene entre un 55 y un 78% de agua. Es necesaria para el funcionamiento esencial de las diferentes partes importantes del cuerpo humano.

Esto refleja la importancia de los alimentos y los nutrientes en nuestra dieta. Mientras una persona vive, necesita la cantidad necesaria de agua y alimentos. Unos hábitos alimentarios poco saludables conducen a un cuerpo poco sano y enfermo. Los alimentos que ingerimos contienen nutrientes esenciales que favorecen el metabolismo de nuestro cuerpo.

Una dieta equilibrada y nutritiva ayuda a mantener un buen índice de masa corporal (IMC) y garantiza una buena alimentación. Las deficiencias nutricionales pueden contribuir a la acumulación de toxinas en nuestro organismo. Esto puede conducir a enfermedades crónicas a largo plazo.

Aumenta el riesgo de otras enfermedades como la diabetes, la osteoporosis, los trastornos cardiovasculares, el cáncer y los accidentes cerebrovasculares. Es importante establecer buenos hábitos alimentarios y también es increíblemente importante comer los alimentos adecuados. Comer el tipo de alimentos equivocado, como los fritos, los grises y los procesados, también puede disminuir tu recuento nutricional. Una dieta nutritiva es, por tanto, muy importante para evitar o curar diversos problemas de salud y enfermedades.

Grupos de alimentos nutritivos:

Ninguna categoría de la dieta por sí sola puede satisfacer las necesidades nutricionales de nuestro cuerpo. Es increíblemente importante que añadamos una serie de alimentos nutritivos a nuestras comidas para proporcionar todos los tipos de nutrientes que nuestro cuerpo necesita. Hay cinco grupos de alimentos principales que son extremadamente nutritivos:

- Carne y verduras

- Cultivos

- Cereales y legumbres

- Productos lácteos

- Pescado y mariscos

Los cinco grupos mencionados anteriormente proporcionan un suministro suficiente de vitaminas, minerales y fibra dietética para el organismo cuando se consumen en una dieta segura y equilibrada. Sin embargo, la categoría de alimentos que se sirve varía de una persona a otra, ya que depende de factores como la edad, la dimensión corporal, el sexo y el nivel de actividad. En un grupo y entre grupos, es importante consumir una variedad de productos alimenticios.

Dado que cada alimento de cada grupo alimentario aporta diferentes cantidades de nutrición, algunos alimentos de un grupo alimentario tienen más calorías que otros alimentos de la misma categoría. Este patrón de alimentación garantiza que cada grupo de alimentos le proporcione la máxima nutrición recomendada. Además, una gran variedad de alimentos también puede proporcionar una comida agradable y deliciosa.

Adoptando los hábitos alimentarios mencionados, el cuerpo está protegido de muchos problemas de salud y enfermedades. Esto no solo ayuda a prevenir sino también a curar muchas enfermedades. Recuerda que más vale prevenir que curar.

Hay que tener en cuenta que los medicamentos solo tratan los síntomas de una enfermedad y no la causa principal. Los hábitos alimentarios incorrectos son la causa principal de la mayoría de las enfermedades y cánceres. Esto provoca la acumulación de toxinas en el sistema corporal, lo que empeora la condición. Una dieta equilibrada y nutritiva, por el contrario, remedia la raíz de las enfermedades y restablece el bienestar general del cuerpo.

Me gustaría que empezaras a pensar en esto: "¿Lo que estoy comiendo me mejora o me enferma?".

No eres impotente mientras luchas contra la inflamación. Quiero que tu dieta active o suprima una proteína llamada citoquinas que induce la inflamación. Hay poco o ningún terreno neutral. Es como si cualquier cosa que tomes enviara una advertencia a tu sistema inmunológico para inducir más o menos inflamación.

.

Capítulo 6. ¿Quieres una patada metabólica? Aquí tienes tu desintoxicación de 24 horas para cualquier tipo de inflamación

Dedica un día a la semana a la depuración. Así será más fácil prevenir y superar los estados inflamatorios. He aquí cómo hacerlo:

Despiértate:

- Bebe agua tibia con la adición del zumo de medio limón. Como alternativa, puedes combinar una cucharada de zumo puro y concentrado de granada o arándanos, o dos cucharaditas de jengibre fresco rallado (para tragar con agua).

Si no puedes beber agua por la mañana

Puedes tomar solo una cucharada de zumo puro y concentrado de granada o arándanos, o de aloe.

Desayuno:

2-3 tortas de quinoa o trigo sarraceno

3 cucharaditas de mermelada de naranja amarga sin azúcar

1 manzana o 1 kiwi o 1 naranja

5 almendras o 3 nueces

1 té verde con una cucharada de jengibre rallado.

Alternativa:

Si prefieres un desayuno salado, sustituye la mermelada por tempeh a la plancha o por 3 cucharaditas de crema de alcachofa.

A media mañana:

Yogur natural ecológico bajo en grasas o piña o kiwi.

3 nueces

Almuerzo

2 oz de quinoa para lavar bajo el grifo; luego combinar 7 oz de zanahorias y apio en dados en 2 cucharaditas de aceite de oliva y 4 oz de judías cannellini hervidas.

3 oz de lechuga bañada con zumo de limón.

Merienda:

1 ensalada de frutas con una cucharada de semillas de chía.

Alternativamente

1 fruta y 3 nueces

Cena:

2 onzas de arroz integral para aderezar con 10 onzas de calabacín salteado y 2 cucharaditas de aceite de oliva y una pizca de cúrcuma disuelta en un poco de agua.

5 oz de bacalao a la sartén.

Alternativamente

Un puré de verduras.

Capítulo 7. Las recetas adecuadas para redescubrir el bienestar

Desayuno

Batido energético de té verde

El té verde es la base perfecta para un batido matutino. Es hidratante y antiinflamatorio debido a su denso contenido en antioxidantes, y contiene cafeína para aumentar la energía. Los batidos son una forma estupenda de maximizar la ingesta de frutas y verduras, así como de grasas y proteínas saludables, por la mañana. Esta receta hace una sola porción -para preparar la comida-, multiplica la receta por 5 (o más) y guarda los componentes como "paquetes" de batidos (ver Consejo de almacenamiento), y guarda en el congelador para su uso posterior. Prepara el té verde fresco para cada batido.

Tiempo de preparación: 10 minutos
Tiempo de cocción: 0 minutos
Porciones: 1
Ingredientes:

- 1 taza de agua hirviendo

- 1 bolsa de té verde

- ½ plátano, cortado y congelado

- ¼ de taza de arándanos congelados

- 1 taza de espinacas congeladas

- 1 cucharada de semillas de chía

- 3 cubitos de hielo

Instrucciones:

1. En una taza medidora grande y resistente al calor, vierte el agua hirviendo sobre la bolsa de té verde. Deja reposar al gusto.

2. Mientras el té se empapa, coloca el plátano congelado, los arándanos, las espinacas y las semillas de chía en una licuadora.

3. Deja caer los cubitos de hielo en el té para enfriarlo parcialmente.

4. Vierte el té aún caliente sobre los ingredientes del batido y bate hasta que quede suave, aproximadamente 1 minuto.

Nutrición:
Por porción:

- Calorías: 188 kcal

- Grasa total: 6 g

- Grasas saturadas: 1 g

- Proteínas: 9 g

- Carbohidratos totales 31 g

- Fibra: 12 g

- Azúcar: 12 g

- Colesterol: 0 mg

Parfait de ensalada de frutas y hierbas

Una ensalada de frutas es una fuente de energía antiinflamatoria y una forma satisfactoria de empezar el día. Esta colección de frutas aumenta tu ingesta de fibras, vitaminas y minerales a primera hora de la mañana, y está equilibrada con grasas insaturadas antiinflamatorias y proteínas. Te mantendrás lleno y con energía hasta bien entrado el día.

Tiempo de preparación: 10 minutos
Tiempo de cocción: 0 minutos
Porciones: 3
Ingredientes:

- 1 taza de granola de jengibre y bayas

- 1 taza de moras

- 1 taza de frambuesas

- 1 taza de fresas cortadas en rodajas

- 1 manzana picada

- 2 mandarinas o clementinas segmentadas

- 3 hojas grandes de albahaca fresca, picadas

- 3 hojas grandes de menta fresca, picadas

- 1½ tazas de yogur natural, lácteo o no lácteo

- 1 cucharada de miel

Instrucciones:
1. Prepara la granola como se indica.
2. En un bol grande, combinar las moras y frambuesas, las fresas, la manzana, las mandarinas, la albahaca y la menta y mezclar hasta que se combinen.

3. Repartir la macedonia en 3 tarros de cristal con tapa de rosca y cubrir cada uno con ½ taza de yogur.
4. Rocía cada uno con 1 cucharadita de miel y cubra con ⅓ taza de granola.

Nutrición:

Por porción:

- - Calorías: 434 kcal

- - Grasa total: 14 g

- - Grasas saturadas: 4 g

- - Proteínas: 12 g

- - Carbohidratos totales 70 g

- - Fibra: 13 g

- - Azúcar: 40 g

- - Colesterol: 16 mg

Arroz con leche integral con canela y nueces

Este cálido y reconfortante arroz con leche es un giro saludable de un clásico. Bajo en azúcares añadidos y con un alto contenido en antioxidantes y carbohidratos complejos, este plato de arroz integral te llenará de energía por la mañana. La canela y las nueces, ricas en omega-3, dan a esta receta un sabor y una textura profundos. Utiliza leche de soja para obtener un mayor contenido de proteínas.

Tiempo de preparación: 45 minutos
Tiempo de cocción: 20 minutos
Porciones: 4
Ingredientes:

- Arroz integral básico

- 2 tazas de leche no láctea sin azúcar, divididas

- ⅓ taza de jarabe de arce

- ¼ de cucharadita de sal

- 1 huevo grande, batido

- ½ cucharadita de extracto de vainilla puro

- ½ cucharadita de canela molida

- ¼ de taza de nueces picadas

Instrucciones:
1. Preparar el arroz integral como se indica.
2. Combinar el arroz con 1½ tazas de leche en la cacerola, el jarabe de arce y la sal. Cocinar a fuego medio de 15 a 20 minutos, o hasta que esté espeso.
3. Verter la ½ taza de leche restante y el huevo. Continuar la cocción durante 2 o 3 minutos, removiendo constantemente. Retirar el pudín del fuego, incorporar la vainilla, la canela y las nueces.
4. Repartir el arroz con leche en 4 recipientes medianos.

Nutrición:

- - Calorías: 339 kcal

- - Grasa total: 9 g

- - Grasas saturadas: 1 g

- - Proteínas: 10 g

- - Carbohidratos totales 54 g

- - Fibra: 2 g

- - Azúcar: 21 g

-     - Colesterol: 47 mg

Avena cortada al acero con plátano, cerezas y almendras

Puedes preparar sustanciosos copos de avena en menos de 30 minutos. Naturalmente endulzada con plátano, esta avena cortada al acero está llena de fibra y se complementa con deliciosas cerezas y almendras antiinflamatorias. Para ahorrar tiempo, cocina la avena con antelación, ¡y podrás tener esta receta hecha en apenas 5 minutos!

Tiempo de preparación: 5 minutos

Tiempo de cocción: 15 minutos

Porciones: 5

Ingredientes:

- 2 tazas de avena cortada al acero

- 4½ tazas de leche no láctea

- 1 plátano grande muy maduro, fresco o congelado

- 2 tazas de cerezas, frescas o congeladas, partidas por la mitad y sin hueso

- ½ taza de almendras fileteadas, picadas

Instrucciones:

1. Mezclar la avena y la leche en un cazo y llevar a ebullición a fuego medio-alto. Reducir el fuego a medio-bajo. Cocer a fuego lento durante 15 minutos, o hasta que la avena esté blanda.

2. Retirar del fuego y añadir el plátano. Tapar la olla para que el plátano se ablande en el calor atrapado. Triturar o remover el plátano ablandado en la avena hasta que se incorpore. Añadir las cerezas y las almendras, mezclando para combinar.

3. Enfriar la avena por completo y luego repartirla en 5 tarros de cristal con tapa de rosca y decorar con más cerezas o almendras, si se desea.

Nutrición:

- Calorías: 380 kcal

- Grasa total: 11 g

- Proteínas: 14 g

- Carbohidratos totales: 55 g

- Fibra: 9 g

- Azúcar: 20 g

- Colesterol: 0 mg

Sencillas tortitas de plátano sin cereales con compota de frutas

¿Sabías que las tortitas pueden ser saludables? Estas tortitas de plátano sin cereales son naturalmente libres de gluten y granos y tienen un alto contenido en proteínas. No se sirve jarabe de arce con estas tortitas; en su lugar, se utiliza una compota de frutas antiinflamatoria y naturalmente dulce.

Tiempo de preparación: 10 minutos
Tiempo de cocción: 5 minutos
Porciones: 2
Ingredientes:

- 2 tazas de bayas (fresas, arándanos o cerezas), frescas o congeladas

- Zumo de 1 naranja mediana

- 2 plátanos, triturados

- 2 huevos grandes, batidos

- ¼ de cucharadita de bicarbonato de sodio

- 1 cucharada de aceite de coco

Instrucciones:

1. Combinar las bayas y el zumo de naranja en una cacerola pequeña. Llevar a ebullición a fuego medio-alto. Reducir el fuego a medio-bajo y cocinar durante 10 a 12 minutos, removiendo de vez en cuando con un batidor o machacador y machacando la fruta, hasta que la mezcla se espese ligeramente. Retirar del fuego. Cuando se enfríe, la mezcla se espesará más.

2. Mientras se cocina la compota, en un bol mediano, combinar los plátanos, los huevos y el bicarbonato de sodio, mezclar con una cuchara de madera para incorporar.

3. En una sartén grande, calentar el aceite de coco a fuego medio-alto hasta que esté caliente. Verter la masa de las tortitas en la sartén, utilizando ¼ de taza de masa para cada tortita. Cocinar las tortitas hasta que se hinchen ligeramente, parezcan firmes en el centro y los bordes se vuelvan translúcidos de 4 a 5 minutos. Voltea suavemente los panqueques y cocina de 1 a 2 minutos más.

4. Porcionar las tortitas enfriadas en 2 recipientes de almacenamiento. Pasar la compota a un tarro de cristal con tapa de rosca.

Nutrición:

- Calorías: 321 kcal

- Grasa total: 13 g

- Grasas saturadas: 8 g

- Proteínas: 9 g

- Carbohidratos totales 48 g

- Fibra: 8 g

- Azúcar: 29 g

- Colesterol: 186 mg

Revuelto de tofu con verduras

El tofu se revuelve, al igual que los huevos, así que empieza el día con un revuelto repleto de proteínas y con tus verduras favoritas llenas de sabor. Aderezado con cúrcuma, una potente hierba antiinflamatoria, este revuelto adquirirá un vibrante color amarillo y un rico sabor. Siéntete libre de cambiar las verduras densas en antioxidantes que más te gusten.

Tiempo de preparación: 5 minutos
Tiempo de cocción: 10 minutos
Porciones: 2
Ingredientes:

- 1 cucharada de aceite de oliva

- ½ cebolla amarilla mediana, cortada en dados

- 1 diente de ajo, picado

- 1 taza de espárragos picados

- 1 taza de espinacas baby, picadas

- 1 bloque (8 onzas) de tofu firme, presionado con papel absorbente y

  desmenuzado

- ½ cucharadita de cúrcuma molida

- ½ cucharadita de sal

- ½ cucharadita de pimienta negra recién molida

Instrucciones:

1. Calentar el aceite en una sartén grande.

2. Añadir la cebolla, el ajo y los espárragos y saltear de 3 a 5 minutos, hasta que la cebolla esté translúcida y los espárragos se hayan ablandado.

3. Añadir las espinacas baby y cocinar, removiendo constantemente, hasta que reduzcan su tamaño y se incorporen a la mezcla.

4. Añadir el tofu y seguir salteando a fuego medio de 4 a 5 minutos hasta que el tofu se dore ligeramente.

5. Añadir un pequeño chorro de agua y utilizar una espátula para raspar los trozos pegados.

6. Añadir la cúrcuma, la sal y la pimienta y remover para combinar.

7. Retirar del fuego.

8. Porcionar el revuelto en 2 recipientes de almacenamiento.

Nutrición:

- Calorías: 258 kcal

- Grasa total: 17 g

- Grasas saturadas: 2 g

- Proteínas: 20 g

- Carbohidratos totales: 12 g

- Fibra: 5 g

- Azúcar: 3 g

- Colesterol: 0 mg

Muffins de calabacín para el desayuno

El calabacín es el ingrediente secreto de estos muffins para el desayuno, ya que le aporta fibra, vitaminas, minerales y antioxidantes a sus mañanas. No hay necesidad de empezar el día con pasteles llenos de azúcar cuando una opción integral, naturalmente endulzada y secretamente llena de verduras es tan fácil de preparar. Siéntete libre de cambiar la harina sin gluten para hacer estos pasteles sin gluten.

Tiempo de preparación: 10 minutos
Tiempo de cocción: 20 minutos
Porciones: 12 panecillos
Ingredientes:

- 2 tazas de calabacín rallado (unos 2 calabacines pequeños)

- 1 taza de harina integral

- 1 taza de harina para todo uso

- 1 cucharadita de polvo de hornear

- 1 cucharadita de bicarbonato de sodio

- 1 cucharadita de canela molida

- ½ cucharadita de sal

- 2 huevos grandes

- ½ taza de sirope de arce

- ½ taza de leche no láctea sin azúcar (de avena, almendra o soja)

- ¼ de taza de aceite de semilla de uva o de aguacate

- 1 cucharadita de extracto de vainilla puro

Instrucciones:

1. Precalentar el horno a 375 °F. Forrar con papel un molde para muffins de 12 tazas o forros de silicona.

2. Presiona el calabacín rallado suavemente entre toallas de papel para eliminar el exceso de humedad. Déjalo a un lado.

3. En un bol grande, bate la harina integral, la harina para todo uso, la levadura en polvo, el bicarbonato, la canela y la sal.

4. Batir los huevos en un bol mediano, el sirope de arce, la leche, el aceite y la vainilla. Verter la mezcla de huevos en la mezcla de harina, remover con una cuchara de madera para combinar. Incorporar suavemente el calabacín hasta que se incorpore.

5. Divide la masa uniformemente entre los moldes para muffins y hornea durante 18 a 20 minutos, o hasta que la parte superior de los muffins esté firme al tacto.

6. Dejar enfriar los muffins y pasarlas a un recipiente grande.

Nutrición:
Por porción (2 muffins):

- Calorías: 338 kcal

- Grasa total: 12 g

- Grasas saturadas: 2 g

- Proteínas: 8 g

- Carbohidratos totales 52 g

- Fibra: 4 g

- Azúcar: 18 g

- Colesterol: 62 mg

Huevos revueltos con chile y comino

Los huevos revueltos son un vehículo encantador para las verduras y las especias antiinflamatorias. Anima tu revuelto habitual añadiendo comino salado y chiles vibrantes antes de servirlo. Disfruta de este revuelto sobre una tostada, envuelto en una tortilla, con una guarnición de fruta o, lo mejor de todo, con patatas rojas asadas con hierbas.

Tiempo de preparación: 10 minutos
Tiempo de cocción: 10 minutos
Porciones: 2
Ingredientes:

- ½ receta de patatas rojas asadas con hierbas

- 2 cucharaditas de aceite de oliva

- ¼ de cebolla amarilla mediana, cortada en dados

- 1 diente de ajo, picado

- ¼ de cucharadita de sal

- ¼ de cucharadita de pimienta negra recién molida

- ¼ de cucharadita de comino molido

- ⅛ cucharadita de chile en polvo

- 4 huevos grandes, batidos

- 1 lata (4 onzas) de chiles verdes picados

Instrucciones:

1. Prepara las papas rojas como se indica y ponlas en el horno.

2. Calienta el aceite a fuego medio. Añadir la cebolla y el ajo y saltear durante 3 o 4 minutos hasta que la cebolla esté translúcida.

---

3. Añadir la sal, la pimienta, el comino y el chile en polvo, mezclándolos con la mezcla de cebolla durante unos 30 segundos.

4. Añadir los huevos y los chiles. Revolver la mezcla con la cuchara de madera de forma rápida y constante para que los huevos se cocinen uniformemente. Retirar del fuego.

5. Retirar las papas del horno y enfriarlas antes de guardarlas.

6. Porcionar las patatas y los huevos por separado en 2 recipientes de conservación cada uno.

Nutrición:
Por porción:

- Calorías: 391 kcal

- Grasa total: 21 g

- Grasas saturadas: 5 g

- Proteínas: 15 g

- Carbohidratos totales 34 g

- Fibra: 5 g

- Azúcar: 5 g

- Colesterol: 372 mg

Tazones de desayuno con frijoles negros y quinoa con hierbas

Un bol de desayuno es un desayuno rápido, saludable y fácil de llevar al trabajo o a la escuela. Este tazón de fiesta cuenta con colores brillantes y sabores audaces de las verduras antiinflamatorias y las especias Savory, además de fibra y proteínas de los frijoles negros, la quinoa y los huevos duros. Si no eres nightshade-free, añade salsa o salsa picante como guarnición.

Tiempo de preparación: 15 minutos
Tiempo de cocción: 15 minutos
Porciones: 3
Ingredientes:

* 1 taza de quinoa con hierbas saladas

* 3 huevos grandes

* 1 lata (15.5 onzas) de frijoles negros

* ½ cucharadita de comino molido

* Zumo de 1 lima

* 1½ taza de espinacas tiernas

* Sal

* Pimienta negra recién molida

* 1 aguacate pequeño, en rodajas

* ¼ de taza de cilantro fresco picado

Instrucciones:

1. Preparar la quinoa como se indica.

2. Coloca los huevos en una olla mediana. Cúbrelos con agua para que queden completamente sumergidos. Llevar el agua a ebullición. Cuando el agua hierva, retirar la olla del fuego, tapar y dejar reposar durante 11 minutos. Escurre el agua y aparta los huevos para que se enfríen.

3. Mientras los huevos se cocinan, en una cacerola grande, combina los frijoles negros, el comino y el jugo de limón y revuelve a fuego medio hasta que la mezcla se caliente por completo de 3 a 5 minutos. Retirar del fuego y dejar enfriar.

4. Si se va a servir de inmediato, cubrir el fondo de cada cuenco con ½ taza de espinacas, y luego cubrir una mitad de cada cuenco con quinoa y la otra mitad con frijoles negros. 5. Pelar y partir por la mitad los huevos y colocar dos mitades encima de cada bol. Añade sal y pimienta al gusto. Adornar con aguacate y cilantro.

5. Si se va a almacenar para más tarde, guarda la quinoa y los frijoles juntos en 3 contenedores medianos. Guarda las espinacas en un recipiente grande separado y el cilantro y el aguacate juntos en 3

recipientes pequeños separados o bolsas. Guardar los huevos con cáscara.

Nutrición:
Por porción:

- Calorías: 267 kcal

- Grasa total: 13 g

- Grasas saturadas: 3 g

- Proteínas: 14 g

- Carbohidratos totales: 4 g

- Fibra: 10 g

- Azúcar: 2 g

- Colesterol: 140 mg

Envoltorios sencillos para el desayuno

No todos los desayunos son buenos para preparar con antelación, pero estos sencillos y sabrosos wraps de desayuno aptos para la preparación de comidas ciertamente lo son. Esta receta adaptable utiliza huevos o tofu como base. Esta receta utiliza queso, pero puedes eliminarlo fácilmente o utilizar levadura nutricional en su lugar.

Tiempo de preparación: 10 minutos
Tiempo de cocción: 5 minutos
Porciones: 4 wraps
Ingredientes:

- 1 cucharadita de aceite de oliva

- 4 huevos grandes o 1 bloque de tofu firme (14 onzas)

- ½ cucharadita de sal

- ½ cucharadita de pimienta negra recién molida

- 2 tazas de espinacas tiernas

- 4 cucharadas de queso feta desmenuzado

- 4 tortillas (de 8 pulgadas), sin gluten o integrales

Instrucciones:

1. En una sartén grande, calentar el aceite a fuego medio. Añadir los huevos o el tofu, la sal, la pimienta y las espinacas. Revuelve la mezcla, removiendo constantemente (y rompiendo el tofu, si lo usas), de 3 a 5 minutos, hasta que los huevos estén cocidos (o el tofu esté caliente) y las espinacas hayan reducido su tamaño y se hayan incorporado a la mezcla.

2. Para montar los wraps, extender 1 cucharada de feta en el centro de cada tortilla. Dividir la mezcla de huevo o tofu y espinacas entre las tortillas sobre el feta, y luego envolver las tortillas como lo harías con un burrito, doblando los lados hacia adentro, doblando la parte inferior, y luego metiendo la parte superior hacia abajo. Deja que los envoltorios se enfríen.

3. Enrolla cada wrap en papel de aluminio.

Nutrición:
Por porción (1 wrap):

- Calorías: 238 kcal

- Grasa total: 12 g

- Grasas saturadas: 5 g

- Proteínas: 12 g

- Carbohidratos totales: 20 g

- Fibra: 5 g

- Azúcar: 2 g

- Colesterol: 194 mg

Almuerzo

Batidos de proteínas para el almuerzo con bayas y verduras

Los batidos no son solo para desayunar, sino que son un gran almuerzo rápido para mantener la energía y los niveles de azúcar en sangre estables. Este delicioso batido, totalmente natural, combina la proteína integral del tofu sedoso, los carbohidratos complejos de la avena y los antioxidantes de las frutas y las verduras que combaten la inflamación. Congela los ingredientes en "paquetes" de batidos, añade la leche y el tofu, ¡y bátelos en segundos!

Tiempo de preparación: 5 minutos
Tiempo de cocción: 0 minutos
Porciones: 4 batidos
Ingredientes:

- 1 taza de copos de avena antiguos

- 2 plátanos cortados por la mitad y congelados

- 1⅓ tazas de fresas congeladas

- 2 tazas de espinacas

- 6 tazas de leche de almendras o de avena sin azúcar

- 16 onzas de tofu sedoso

Instrucciones:

1. En cada una de las 4 bolsas de congelación, añade ¼ de taza de avena, medio plátano, ⅓ de taza de fresas y ½ taza de espinacas. Guarda los paquetes de batidos en el congelador.

2. Para preparar un solo batido, combina en una batidora 1½ tazas de leche y 4 onzas de tofu. Añade el contenido de 1 paquete de batidos y bate hasta que esté suave y cremoso.

Nutrición:
Por porción (1 batido):

- Calorías: 475 kcal

- Grasa total: 11 g

- Grasas saturadas: 1 g

- Proteínas: 19 g

- Carbohidratos totales 81 g

- Fibra: 10 g

- Azúcar: 29 g

- Colesterol: 0 mg

Brochetas de tofu y verduras

En esta receta, el tofu y las verduras se marinan en una salsa casera, totalmente natural, y luego se hornean en brochetas en un estilo de preparación delicioso, sin necesidad de usar las manos, que es ultraportátil y divertido de comer. Sírvelo sobre arroz integral para una comida equilibrada y completa.

Tiempo de preparación: 20 minutos
Tiempo de cocción: 30 minutos
Porciones: 4
Ingredientes:

- Tempeh o tofu marinado con ajo y hierbas

- Arroz integral básico

- ½ cebolla roja, cortada en trozos grandes

- 1 calabacín mediano, cortado en rodajas de ½ pulgada de grosor

- 1 calabaza amarilla, cortada en rodajas de ½ pulgada de grosor

- 1 paquete de champiñones (8 onzas), sin los tallos

Instrucciones:

1. Marinar el tofu durante 20 minutos como se indica.

2. Remoja 8 brochetas de madera (de 15 cm) en agua (para que no se carbonicen en el horno) durante 20 minutos.

3. Mientras tanto, prepara el arroz integral como se indica.

4. Precalienta el horno a 425 °F. Forra una bandeja grande con papel pergamino.

5. Para hacer las brochetas, desliza las rodajas de tofu marinado (reserva la marinada), los trozos de cebolla, las rodajas de calabacín, las rodajas de calabaza y los champiñones en un patrón alternativo en las brochetas, dejando 1 pulgada de brocheta vacía en cada extremo.

6. Transfiere las brochetas a la sartén y rocía la mitad de la marinada de tofu reservada sobre ellas. Reservar el resto de la marinada.

7. Hornea las brochetas durante 20 minutos, luego dales la vuelta y cúbrelas con la marinada restante.

8. Hornear de 15 a 20 minutos más, hasta que el tofu se haya dorado y las verduras estén blandas.

9. Retira el arroz integral del fuego y apártalo para que se enfríe.

10. Porcionar el arroz integral enfriado en 4 recipientes grandes y colocar 2 brochetas en cada uno.

Nutrición:
Por porción (2 brochetas):

- Calorías: 417 kcal

- Grasa total: 18 g

- Grasas saturadas: 3 g

- Proteínas: 20 g

- Carbohidratos totales: 45 g

- Fibra: 3 g

- Azúcar: 4 g

- Colesterol: 0 mg

Sopa de zanahoria con jengibre y cúrcuma

Esta sopa en puré está llena de nutrientes antiinflamatorios que añaden profundidad al sabor. Las zanahorias crean una base terrosa y cremosa y combinan bien con la calabaza dulce. La calabaza pre-cortada (normalmente se encuentra en la sección de refrigeración o congelación de las tiendas de comestibles) te ahorrará mucho tiempo y esfuerzo en esta receta. Acompaña esta sopa con cualquiera de las ensaladas de este libro.

Tiempo de preparación: 10 minutos
Tiempo de cocción: 40 minutos
Porciones: 5
Ingredientes:

- 4 zanahorias medianas picadas

- 1 taza de calabaza en cubos

- ½ cebolla amarilla, picada

- 2 dientes de ajo, picados

- Un trozo de jengibre fresco de 1 pulgada, rallado

- 1 cucharada de cúrcuma molida

- 1 cucharadita de sal

- 1 cucharadita de pimienta negra recién molida

- 3 tazas de caldo de verduras

- 1 lata (13,5 onzas) de leche de coco light

- ⅓ taza de hojas de perejil fresco picado

Instrucciones:

1. En una olla grande, agrega las zanahorias, la calabaza y la cebolla y revuelve ocasionalmente durante 5 a 7 minutos, hasta que las verduras comiencen a ablandarse y las cebollas se vuelvan translúcidas.

2. Añadir el ajo, el jengibre, la cúrcuma, la sal y la pimienta y remover constantemente para combinarlos durante 2 minutos más. Añadir el caldo y la leche de coco.

3. Llevar la mezcla a ebullición. Reducir el fuego. Tapar la olla y cocer la sopa a fuego lento durante 20 minutos.

4. Una vez que las verduras estén blandas, triturar la sopa por tandas en una batidora de pie (o en la olla con una batidora de inmersión) hasta que quede suave. Dejar que se enfríe antes de guardarla.

5. Porcionar la sopa en 5 recipientes medianos de almacenamiento.

6. Guardar el perejil en un recipiente aparte.

Nutrición:
Por porción:

- Calorías: 277 kcal

- Grasa total: 24 g

- Grasas saturadas: 17 g

- Proteínas: 3 g

- Carbohidratos totales: 17 g

- Fibra: 4 g

- Azúcar: 7 g

- Colesterol: 0 mg

Sopa de maíz y batata vegana

La sopa chowder normal tiene un alto contenido en grasas saturadas procedentes de la mantequilla y la nata. Por suerte, hay otra forma de hacer chowder que es antiinflamatoria y sigue siendo sabrosa, rica y deliciosa. La batata, el maíz y la leche de soja repleta de proteínas crean una base rica y cremosa para este plato naturalmente vegano.

Tiempo de preparación: 10 minutos
Tiempo de cocción: 40 minutos
Porciones: 5
Ingredientes:

- 3 cucharadas de aceite de oliva

- 1 cebolla amarilla grande, cortada en dados

- 1 puerro grande, cortado en rodajas finas

- 3 batatas grandes, peladas y cortadas en dados

- 1 cucharada de agua

- ½ cucharadita de tomillo seco

- 1 cucharadita de sal

- 1 cucharadita de pimienta negra recién molida

- 4 tazas de caldo de verduras

- 1 taza de leche de soja sin azúcar

- 4 tazas de granos de maíz, frescos, enlatados o congelados

- 8 hojas de albahaca fresca, picadas

Instrucciones:

1. Calentar el aceite a fuego medio... Añade la cebolla, el puerro y los boniatos y cocina, removiendo de vez en cuando, de 6 a 8 minutos, o hasta que las verduras empiecen a ablandarse y las cebollas se vuelvan translúcidas. Añade 1 cucharada de agua cada vez. Si la mezcla se pega a la sartén, raspa los trozos pegados con una cuchara de madera.

2. Añadir el tomillo, la sal y la pimienta. Cocinar durante 2 minutos más, removiendo constantemente para combinar. Añadir el caldo, subir el fuego a alto y llevar la mezcla a ebullición. Reducir el fuego a medio-bajo. Cocinar a fuego lento durante 30 a 35 minutos hasta que las batatas estén tiernas.

3. Añadir la leche de soja. Triturar la sopa por tandas en una batidora de pie (o en la olla con una batidora de inmersión) hasta que quede suave. Devuelve el puré a la olla y añade el maíz. Si el maíz está congelado, remuévelo a fuego medio de 5 a 10 minutos para descongelarlo. Dejar enfriar antes de guardarlo.

4. Repartir la sopa en 5 recipientes medianos. Guardar la albahaca en un recipiente pequeño aparte.

Nutrición:
Por porción:

- Calorías: 331 kcal

- Grasa total: 11 g

- Grasas saturadas: 2 g

- Proteínas: 8 g

- Carbohidratos totales 57 g

- Fibra: 7 g

- Azúcar: 9 g

- Colesterol: 6 mg

Sopa sabrosa de judías blancas

La sopa de judias es la forma perfecta de maximizar las proteínas y la fibra, así como las vitaminas, los minerales y los antioxidantes antiinflamatorios. El ajo y el romero crean matices terrosos que hacen que esta deliciosa sopa sea perfecta para cualquier época del año. La sopa de judias se congela bien, así que haz una tanda (¡o incluso duplícala!) y congélala para tomarla como almuerzo cuando la necesites.

Tiempo de preparación: 5 minutos

Tiempo de cocción: 20 minutos

Porciones: 5

Ingredientes:

- 2 cucharadas de aceite de oliva

- 1 cebolla amarilla grande, cortada en dados

- 3 dientes de ajo, picados

- ½ cucharadita de romero seco

- ½ cucharadita de tomillo seco

- 1 cucharadita de sal

- ¾ cucharadita de pimienta negra recién molida

- 1 cucharada de agua

- 4 tazas de caldo de verduras

- 3 latas (de 15,5 onzas) de judías blancas (tipo northern o cannellini), escurridas y enjuagadas

- ½ taza de hojas de perejil fresco picado

Instrucciones:

1. Calienta el aceite a fuego medio. Añade la cebolla y cocina de 4 a 6 minutos, removiendo de vez en cuando, hasta que la cebolla se vuelva translúcida y suave. Añadir el ajo y saltear durante 2 minutos más, o hasta que el ajo esté blando y fragante.

2. Añadir el romero, el tomillo, la sal y la pimienta y cocinar durante 2 minutos más, removiendo constantemente para combinar. Añadir 1 cucharada de agua cada vez. Si la mezcla se pega a la sartén, raspa los trozos pegados con una cuchara de madera. Añadir el caldo y las judías. Subir el fuego a alto y llevar la mezcla a ebullición. A continuación, reducir el fuego a medio-bajo, tapar y cocer a fuego lento durante 20 minutos.

3. Con una batidora de inmersión, licuar o triturar aproximadamente la mitad de la sopa, dejando la otra mitad con textura. Enfriar antes de guardarla.

4. Repartir la sopa en 5 recipientes medianos. Guardar el perejil en un recipiente pequeño aparte.

Nutrición:
Por porción:

- Calorías: 263 kcal

- Grasa total: 6 g

- Grasas saturadas: 1 g

- Proteínas: 14 g

- Carbohidratos totales: 39 g

- Fibra: 12 g

- Azúcar: 3 g

- Colesterol: 0 mg

Ensalada de judías, maíz y quinoa

Esta ensalada, muy adaptable, es el plato perfecto para preparar con antelación y llenarte toda la semana. Está llena de proteínas y fibra gracias a las alubias, el maíz y la quinoa integral. Añade diferentes verduras y juega con los condimentos para conseguir una variedad infinita. Un simple aderezo hace que los sabores de este plato destaquen, mientras que las hierbas antiinflamatorias añaden beneficios para la salud y un sabor ligero y refrescante.

Tiempo de preparación: 5 minutos
Tiempo de cocción: 20 minutos
Porciones: 5
Ingredientes:

- 1 taza de quinoa, enjuagada

- 2 tazas de agua

- ½ taza de cebolla roja picada

- 2½ cucharadas de aceite de oliva

- Jugo de 2 limas

- 2 cucharaditas de comino molido

- 1 cucharadita de sal

- 1 cucharadita de pimienta negra recién molida

- 1-½ tazas de granos de maíz, frescos o congelados

- 2 latas (15,5 onzas) de frijoles negros

- ½ taza de cilantro fresco picado

- 3 aguacates, cortados por la mitad

Instrucciones:

1. Combina la quinua y el agua en una cacerola.

2. Llevar a ebullición a fuego alto. Reduce el fuego a medio-bajo. Cocinar durante 15 minutos, o hasta que el agua sea absorbida y la quinoa esté esponjosa.

3. Mientras tanto, combinar la cebolla, el aceite, el zumo de lima, el comino, la sal y la pimienta.

4. Pasar la quínoa cocida al bol y añadir el maíz y las judías. Mezclar bien para cubrir uniformemente y enfriar antes de guardar.

5. Porcionar la ensalada de quinoa en 5 recipientes medianos de almacenamiento. Porcionar el cilantro y medio aguacate en cada uno de los 5 recipientes pequeños. (Guardar el medio aguacate restante para otra receta o para otro uso).

Nutrición:
Por porción:

- Calorías: 498 kcal

- Grasa total: 20 g

- Grasas saturadas: 3 g

- Proteínas: 18 g

- Carbohidratos totales 69 g

- Fibra: 19 g

- Azúcar: 4 g

- Colesterol: 0 mg

Ensalada de lentejas al limón

Las lentejas son el complemento antiinflamatorio perfecto para una ensalada. Este sencillo plato de lentejas se anima con una fragante vinagreta de cítricos. Para que la ensalada se conserve bien durante toda la semana, he optado por lentejas más resistentes, como las negras, las marrones y las verdes francesas. Otras lentejas (especialmente las rojas) se cocinarán más rápidamente pero tendrán una textura más suave.

Tiempo de preparación: 10 minutos
Tiempo de cocción: 40 minutos
Porciones: 5
Ingredientes:

- 2 tazas de lentejas negras, marrones o verdes francesas, enjuagadas

- 4 tazas de caldo de verduras

- Aderezo de vinagreta cítrica simple

- 10 tazas de ensalada verde de su elección

- ¼ de taza de eneldo fresco picado

Instrucciones:

1. Combinar las lentejas y el caldo en una olla grande y llevar a ebullición a fuego alto. Reduce el fuego a medio-bajo. Cocer a fuego lento de 25 a 30 minutos, hasta que las lentejas estén blandas y el agua se haya absorbido.

2. Mientras tanto, preparar la vinagreta como se indica.

3. Cuando las lentejas estén terminadas, verter la vinagreta sobre las lentejas en la olla y remover bien para cubrirlas. Dejar enfriar.

4. Repartir las lentejas aliñadas en 5 recipientes medianos. Porcionar 2 tazas de ensalada verde en cada uno de los 5 recipientes medianos separados. Guardar el eneldo en 5 recipientes pequeños separados.

Nutrición:
Por porción:

- Calorías: 420 kcal

- Grasa total: 7 g

- Grasas saturadas: 1 g

- Proteínas: 23 g

- Carbohidratos totales 68 g

- Fibra: 18 g

- Azúcar: 5 g

- Colesterol: 0 mg

Ensalada cremosa de pasta de judías con verduras frescas

Si aún no has probado la pasta de judías, ¡es el momento! Es más rica en fibra y proteínas que la pasta integral, pero tiene casi el mismo sabor y textura. Si no estás evitando el gluten, no dudes en cambiarla por pasta integral. El aderezo vegano cremoso de esta ensalada de pasta complementa todas las verduras frescas, ricas en fibra y antiinflamatorias del plato.

Tiempo de preparación: 10 minutos
Tiempo de cocción: 12 minutos
Porciones: 4
Ingredientes:

- 1 paquete (8 onzas) de pasta de frijoles (como garbanzos), rotini o codos

- Aderezo cremoso de aguacate

- 1 lata (15,5 onzas) de garbanzos

- 12 aceitunas kalamata, sin hueso y picadas

- ¼ de taza de cebolla roja picada

- 1 pepino mediano, cortado en dados

- 1 tallo de apio grande, cortado en dados

- ¼ de taza de perejil fresco picado

Instrucciones:

1. Poner a hervir una olla grande de agua a fuego alto. Cocer la pasta según las instrucciones del paquete, procurando que esté al dente (normalmente de 8 a 10 minutos). Escurrir y dejar enfriar.

—

2. Mientras tanto, preparar el aderezo de aguacate como se indica.

3. En un bol grande, combina los garbanzos, las aceitunas, la cebolla, el pepino, el apio y el aliño de aguacate y remueve con una cuchara de madera para cubrirlos bien. Añade la pasta y remueve suavemente hasta que se combine con los demás ingredientes. Añade el perejil y remueve hasta que se acabe de incorporar.

4. Repartir en 4 recipientes medianos.

Nutrición:
Por porción:

- Calorías: 419 kcal

- Grasa total: 14 g

- Grasas saturadas: 3 g

- Proteínas: 10 g

- Carbohidratos totales 67 g

- Fibra: 15 g

- Azúcar: 7 g

- Colesterol: 0 mg

Tazones proteicos de quinoa y manzana

Esta ensalada combina tofu repleto de proteínas y quinoa integral con muchas verduras frescas y manzanas dulces para añadir aún más vitaminas, minerales y antioxidantes. La quinoa se congela bien, así que no dudes en preparar y congelar la quinoa con antelación para ahorrarte algo de tiempo al preparar este plato.

Tiempo de preparación: 5 minutos
Tiempo de cocción: 15 minutos
Porciones: 4
Ingredientes:

- 1 bloque (14 onzas) de tofu firme o extrafuerte

- 1 taza de quinoa, enjuagada

- 2 tazas de agua

- ⅓ taza de aceite de oliva

- ¼ de taza de vinagre de sidra de manzana

- 2 cucharaditas de mostaza de Dijon

- 1 cucharadita de jarabe de arce

- ½ cucharadita de sal

- ½ cucharadita de pimienta negra recién molida

- 3 tazas de espinacas baby o lechuga romana picada

- 1 manzana mediana picada

Instrucciones:

1. Escurrir el líquido del tofu. Presiona el tofu suavemente por todos los lados con papel de cocina o un paño de cocina limpio. Córtalo por la mitad horizontalmente. Córtalo en 6 tiras gruesas y, a continuación, córtalas transversalmente en la dirección opuesta, 4 veces, para hacer cubos.

2. En una olla, combinar la quinoa y el agua, llevar a ebullición a fuego alto. Reducir el fuego a medio-bajo, tapar y cocinar durante 15 minutos, o hasta que el agua se absorba y la quinoa esté esponjosa. Retirar del fuego y dejar enfriar.

3. Mientras tanto, en un bol mediano, bate el aceite, el vinagre, la mostaza, el jarabe de arce, la sal y la pimienta.

4. Si se va a servir inmediatamente, llenar cada uno de los 4 cuencos con ¾ de taza de espinacas y cubrir con una porción de la quinoa. Cubrir la quinoa con un cuarto de la manzana picada y un cuarto del tofu cortado en cubos. Rocía con el aderezo.

5. Si se va a guardar para más tarde, repartir la quinoa, la manzana, el tofu y las verduras en 4 recipientes medianos. Divide el aderezo en partes iguales en 4 recipientes pequeños separados.

Nutrición:
Por porción:

- Calorías: 444 kcal

- Grasa total: 26 g

- Grasas saturadas: 3 g

- Proteínas: 17 g

- Carbohidratos totales: 39 g

- Fibra: 5 g

- Azúcar: 7 g

- Colesterol: 0 mg

Tazones de tofu, garbanzos y verduras

Repleto de proteínas con tofu y garbanzos, este es un plato salado lleno de hierbas antiinflamatorias como el ajo, el perejil y el jengibre. Sé creativo con los ingredientes y añade todas las verduras que quieras. Considera el brócoli, las coles de Bruselas, la coliflor, los champiñones, las judías verdes, los tomates cherry o los pimientos.

Tiempo de preparación: 30 minutos
Tiempo de cocción: 45 minutos
Porciones: 4
Ingredientes:

- Tempeh o tofu marinado con ajo y hierbas

- Arroz integral básico

- Salsa teriyaki de jengibre simple

- 1 lata de garbanzos (15,5 onzas)

- 2 zanahorias grandes, ralladas

- 2 pepinos picados

- 1 taza de perejil fresco picado

Instrucciones:

1. Marinar el tofu y precalentar el horno como se indica en la receta del tofu.

2. Mientras tanto, prepara el arroz integral y haz la salsa teriyaki como se indica.

3. Mientras el arroz se cuece a fuego lento, transfiere el tofu al horno y termina de cocinarlo.

4. Retira el arroz integral del fuego.

5. Si se sirve enseguida, en cada uno de los 4 cuencos crear una base de arroz integral. Poner encima el tofu, los garbanzos, las zanahorias y los pepinos. Rociar los cuencos con la salsa teriyaki y decorar con perejil.

6. Si quieres guardarlo para más adelante, reparte el tofu, el arroz y las judías en 4 recipientes medianos. Guarda las verduras frescas y el perejil por separado en 4 recipientes pequeños. Guardar la salsa teriyaki en un tarro de cristal con tapa de rosca.

Nutrición:

- Calorías: 485 kcal

- Grasa total: 15 g

- Grasas saturadas: 2 g

- Proteínas: 22 g

- Carbohidratos totales 68 g

- Fibra: 8 g

- Azúcar: 13 g

- Colesterol: 0 mg

Sándwiches de mantequilla de almendras y bayas

Un sándwich sencillo pero sofisticado es una opción perfecta para preparar la comida. Tanto los adultos como los niños disfrutarán de esta versión saludable de la comida reconfortante favorita de todos, elaborada íntegramente con ingredientes antiinflamatorios. Sírvelo con galletas integrales o patatas fritas, hummus de Edamame, o rodajas de verduras crudas, como palitos de zanahoria.

Tiempo de preparación: 5 minutos
Tiempo de cocción: 0 minutos
Porciones: 5 sándwiches
Ingredientes:

- 10 rebanadas de pan integral o sin gluten

- 10 cucharadas de mantequilla de almendras natural (sin aceite, azúcar ni sal añadidos)

- 5 cucharadas de mermelada de bayas sin azúcar añadido de su elección

- 10 fresas grandes, cortadas en rodajas finas

Instrucciones:

1. Para cada sándwich, coloca 2 rebanadas de pan en una superficie plana. Pon 2 cucharadas de mantequilla de almendras en una de las rebanadas y extiéndela hasta los bordes. Cubre la mantequilla de almendras con 1 cucharada de mermelada de bayas y extiéndala. Añade las fresas en rodajas sobre la mermelada en una sola capa. Cubre con el segundo trozo de pan y córtalo por la mitad en diagonal.

2. Guarda los sándwiches en bolsas de plástico resellables o en recipientes de almacenamiento. Guarda todos los componentes restantes en porciones para utilizarlos cómodamente para hacer más sándwiches.

Nutrición:
Por porción (1 sándwich):

- Calorías: 369 kcal

- Grasa total: 20 g

- Grasas saturadas: 2 g

- Proteínas: 15 g

- Carbohidratos totales 36 g

- Fibra: 8 g

- Azúcar: 6 g

- Colesterol: 0 mg

Wraps de lechuga con frijoles negros y mango

Esta sencilla receta de wraps es atrevida tanto en color como en sabor, con frijoles negros antiinflamatorios, mangos, cilantro y lima. Adornados con una rica crema de aguacate, estos wraps son fáciles de montar para un almuerzo completo y lleno de proteínas. Seguramente te sobrará lechuga de esta receta; úsala para crear una sencilla guarnición para comer durante la semana.

Tiempo de preparación: 5 minutos
Tiempo de cocción: 20 minutos
Porciones: 12 wraps (4 porciones)
Ingredientes:

- Frijoles negros al ajo y a la lima

- ½ taza de crema de aguacate

- 1 cabeza de lechuga de mantequilla

- 1 cucharadita de aceite de oliva

- Zumo de 1 lima

- ¼ cucharadita de sal

- 1 mango fresco o 1 taza de trozos de mango congelado descongelado

- cebolletas, cortadas en rodajas finas

- ¾ de taza de cilantro fresco picado

Instrucciones:

1. Cocina los frijoles negros como se indica y déjalos enfriar. Mientras los frijoles se enfrían, prepara la crema de aguacate como se indica.

2. Retirar 12 hojas exteriores grandes de la lechuga para utilizarlas como envoltorios.

3. Bate el aceite, el zumo de lima y la sal en un bol mediano. Añadir el mango, las cebolletas y el cilantro y remover para combinar.

4. Si se va a servir de inmediato, pon ⅓ taza de la mezcla de frijoles negros en el centro de cada hoja de lechuga. Cubre con 1 o 2 cucharadas de la mezcla de mango y 1 o 2 cucharaditas de crema de aguacate.

5. Si se va a guardar para más adelante, guarda las hojas de lechuga, los frijoles negros, la mezcla de mango y la crema de aguacate en recipientes separados.

Nutrición:
Por porción (3 wraps):
- Calorías: 379 kcal
- Grasa total: 16 g
- Grasas saturadas: 4 g
- Proteínas: 14 g
- Carbohidratos totales 53 g
- Fibra: 17 g
- Azúcar: 18 g
- Colesterol: 0 mg

Wraps de tempeh con aguacate y verduras

Un envoltorio de tempeh con ajo, verduras frescas y aguacate cremoso y antiinflamatorio es el almuerzo perfecto para mantenerte con energía durante toda la tarde. Complementado con un aderezo César casero, este es un wrap lleno de sabor que harás una y otra vez.

Tiempo de preparación: 10 minutos
Tiempo de cocción: 20 minutos
Porciones: 4
Ingredientes:

- Tempeh o tofu marinado con ajo y hierbas

- Aderezo César vegano picante

- 4 wraps o tortillas grandes (de trigo integral o de maíz, si no consumes gluten)

- 4 hojas grandes de lechuga romana

- 2 zanahorias medianas, cortadas en rodajas finas a lo largo

- 1 taza de brotes frescos (brotes de soja, rábano o brotes de brócoli)

- 2 aguacates, en rodajas

Instrucciones:

1. Marinar y hornear el tempeh como se indica.

2. Mientras tanto, prepara el aderezo como se indica.

3. Si se va a servir de inmediato, para cada envoltorio, coloca una tortilla en una superficie plana. Coloca una hoja de lechuga sobre la tortilla. Extiende ¼ de taza de aderezo sobre ella con una espátula. Añade una porción de rodajas de zanahoria y ¼ de taza de brotes en cada

tortilla. Añade de 2 a 3 rodajas de tempeh, seguidas de medio aguacate. Envuelve la tortilla alrededor del relleno como un burrito, manteniendo la parte superior abierta.

4. Si se va a guardar para más tarde, envuelve las tortillas individualmente en plástico y luego enróllalas en papel de aluminio. Reparte el tempeh, la lechuga romana, las zanahorias, los brotes y las mitades de aguacate en 4 recipientes grandes. Guarda el aderezo en 4 recipientes pequeños individuales o en un tarro con tapa de rosca.

Nutrición:
Por porción:

- Calorías: 597 kcal

- Grasa total: 40 g

- Grasas saturadas: 8 g

- Proteínas: 23 g

- Carbohidratos totales: 48 g

- Fibra: 15 g

- Azúcar: 6 g

- Colesterol: 0 mg

Tazones de batata y salmón

Tiempo de preparación: 5 minutos
Tiempo de cocción: 20 minutos
Porciones: 4
Ingredientes:

- Escabeche de eneldo fresco

- 1 libra de filete de salmón con piel

- batatas, peladas y cortadas en rondas de ¼ de pulgada de grosor

- cucharadas de aceite de oliva, divididas

- ½ cucharadita de comino molido

- ½ cucharadita de sal, dividida

- ¼ de cucharadita de pimienta negra recién molida, dividida

- 2 calabacines grandes, cortados por la mitad a lo largo y a lo ancho en medias lunas

Instrucciones:

1. Precalienta el horno a 400° F. Forra 1 o 2 sartenes grandes con papel pergamino.

2. Prepara la marinada de eneldo como se indica y pásala a una fuente de vidrio para hornear de 9 por 12 pulgadas.

3. Corta el salmón en cuatro porciones de 4 onzas y colócalo con la carne hacia abajo en la marinada. Déjalo marinar durante al menos 20 minutos.

4. Mientras tanto, dispon los trozos de batata en las bandejas. Rocía con 2 cucharadas de aceite de oliva y espolvoree con el comino, ¼ de cucharadita de sal y ⅛ cucharadita de pimienta. Hornéalos durante 30 minutos, o hasta que estén tiernos. Transfiere a una rejilla para enfriar.

5. Vuelve a colocar el papel de pergamino en las bandejas.

6. Colocar los calabacines en un lado de la sartén y los trozos de salmón en el otro lado, con la piel hacia abajo. Vierte la marinada restante sobre el salmón. Rociar el calabacín con la 1 cucharada restante de aceite de oliva y espolvorear con el ¼ de cucharadita restante de sal y ⅛ cucharadita de pimienta. Hornea durante 14 a 18 minutos. Hasta que el salmón esté apenas cocido y el calabacín esté dorado. Deja enfriar antes de guardarlo.

7. Porcionar el salmón, el calabacín y las rodajas de batata en 4 recipientes grandes para guardar.

Nutrición:
Por porción:

- Calorías: 363 kcal

- Grasa total: 18 g

- Grasas saturadas: 3 g

- Proteínas: 26 g

- Carbohidratos totales 25 g

- Fibra: 5 g

- Azúcar: 8 g

- Colesterol: 62 mg

Ensalada picada de judías blancas

Tiempo de preparación: 20 minutos
Tiempo de cocción: 0 minutos
Porciones:
Ingredientes:

* (15,5 onzas) judías blancas en lata, escurridas y enjuagadas

* ½ cebolla roja mediana, cortada en dados

* 1 manojo de perejil de hoja plana, finamente picado

* Aderezo de vinagreta cítrica simple

* tazas de lechuga picada

Instrucciones:

1. Colocar las judías, la cebolla y el perejil en un bol grande.

2. Prepara la vinagreta como se indica. Viértela sobre la mezcla de alubias. Utiliza una cuchara de madera y remueva suavemente para cubrir las alubias. Habrá aderezo extra en el fondo de la mezcla; cubrirá la lechuga sobre la que se sirva la mezcla más tarde.

3. Reparte ¾ de taza de la mezcla de alubias en cada uno de los 5 recipientes medianos. Reparte 1 taza de lechuga verde en 5 recipientes medianos distintos.

Nutrición:

- Calorías: 215 kcal

- Grasa total: 6 g

- Grasas saturadas: 1 g

- Proteínas: 12 g

- Carbohidratos totales: 31 g

- Fibra: 8 g

- Azúcar: 1 g

- Colesterol: 0 mg

Wraps de ensalada César con col rizada

Un wrap vegetal es un almuerzo rápido, sabroso y saciante, repleto de ingredientes antiinflamatorios y proteínas. Las robustas hojas de col rizada son mejores para las sobras que las verduras más delicadas como la lechuga de mantequilla y las espinacas. Para evitar que se ensucie, la ensalada de col rizada se guarda separada de las tortillas hasta que esté lista para comer.

Tiempo de preparación: 20 minutos
Tiempo de cocción: 0 minutos
Porciones: 3 wraps
Ingredientes:

- 1 manojo grande de col rizada lacinato/dinosaurio

- 1 lata (15,5 onzas) de garbanzos, escurridos y enjuagados

- zanahorias medianas, ralladas

- Aderezo César vegano picante

- tortillas grandes de trigo integral, maíz o sin gluten

Instrucciones:

1. Retira los tallos y las nervaduras de las hojas de col rizada y luego pica las hojas. Transfiere la col rizada picada a un bol grande.

2. Añadir los garbanzos y las zanahorias ralladas al bol.

3. Prepara el aderezo César como se indica y viértelo sobre la mezcla de col rizada. Con las manos o una cuchara mezcladora, remueve suavemente para cubrir. Si te gusta la col rizada más crujiente, sáltate este paso y aliña la col rizada justo antes de servirla.

4. Repartir la col césar en 4 recipientes medianos (si se guarda el aliño césar por separado, repartirlo en 4 recipientes pequeños). Enrolla 3 tortillas individuales y envuélvelas en papel de cocina. Envuélvelas de nuevo en papel de aluminio y colócalas en 3 bolsas resellables.

Nutrición:

- Calorías: 314 kcal

- Grasa total: 10 g

- Grasas saturadas: 2 g

- Proteínas: 13 g

- Carbohidratos totales: 46 g

- Fibra: 10 g

- Azúcar: 9 g

- Colesterol: 0 mg

Tostada de batata y aguacate

Maximiza tu consumo de verduras a primera hora de la mañana haciendo "tostadas" de batata. Siéntete libre de ser creativo con los aderezos, añadiendo incluso más verduras si lo deseas. Preparar el aguacate con antelación puede ser difícil porque el aguacate tiende a dorarse. Para mantenerlo fresco durante más de cinco días, añade agua a la parte superior de la mezcla.

Tiempo de preparación: 15 minutos
Tiempo de cocción: 5 minutos
Porciones: 5
Ingredientes:

- batatas grandes cortadas a lo largo en rodajas de ¼ de pulgada de grosor

- 2 huevos grandes

- aguacates cortados por la mitad y sin hueso

- 1 diente de ajo picado

- 1 cucharadita de sal

- 1 cucharadita de pimienta negra recién molida

- 1 cucharadita de comino molido

- Zumo de 1 lima

- Rábanos, picados finamente

Instrucciones:

1. Precalienta el horno a 400 °F. Forrar 1 o 2 sartenes grandes con papel pergamino.

2. Colocar las rodajas de batata en las bandejas y hornear durante 20 minutos, o hasta que estén tiernas. Puede parecer que no están completamente cocidas, no pasa nada, ya que las calentarás de nuevo más tarde. Pásalas a una rejilla para que se enfríen bien.

3. Mientras las patatas se hornean, pon los huevos en una olla con agua para que queden completamente cubiertos. Llevar el agua a ebullición a fuego alto. Cuando el agua hierva, retirar la olla del fuego, tapar y dejar reposar durante 11 minutos. Escurre el agua y aparta los huevos para que se enfríen.

4. Poner los aguacates en un bol grande y aplastarlos ligeramente con un tenedor hasta que queden en trozos. Añadir el ajo, la sal, la pimienta, el comino, el zumo de lima y los rábanos. Mezclar con una cuchara de madera hasta que se incorporen todos los ingredientes.

5. Porcionar la mezcla de aguacate (aproximadamente ¼ de taza de cada uno) en 5 recipientes pequeños y alisarla con una cuchara para eliminar las bolsas de aire. Verter 2 cucharadas de agua fría sobre el

aguacate para evitar que se dore. Guarda los huevos duros en un recipiente mediano con su cáscara, o pélelos con antelación (para mantener los huevos pelados frescos, coloca una toalla de papel húmeda sobre ellos y reemplácela diariamente). Guarda las rodajas de batata en un recipiente mediano.

Nutrición:

- Calorías: 364 kcal

- Grasa total: 23 g

- Grasas saturadas: 5 g

- Proteínas: 12 g

- Carbohidratos totales: 32 g

- Fibra: 13 g

- Azúcar: 8 g

- Colesterol: 186 mg

Salmón con quinoa a las finas hierbas y judías verdes

Esta comida equilibrada, con salmón rico en omega-3, quinoa integral y deliciosas judías verdes, es rápida y fácil de preparar para que no tengas que preocuparte de qué cenar durante toda la semana. El salmón y las judías se asan en una sola sartén que puedes meter en el horno sin complicación.

Tiempo de preparación: 20 minutos
Tiempo de cocción: 20 minutos
Porciones: 5
Ingredientes:

- Escabeche de eneldo fresco

- 1½ libras de filete de salmón con piel

- Quinoa con hierbas saladas

- 1 libra de judías verdes, sin los extremos (unas 3 tazas)

- 1 cucharada de aceite de oliva

- Sal

- Pimienta negra recién molida

Instrucciones:

1. Prepara la marinada de eneldo como se indica y pásala a una fuente de vidrio para hornear de 9 por 12 pulgadas.

2. Corta el salmón en cinco porciones de 4 a 5 onzas y colócalo con la carne hacia abajo en la marinada durante al menos 20 minutos.

3. Precalienta el horno a 400°F. Forra una bandeja grande con papel pergamino.

4. Mientras el salmón se marina, empezar la receta de la quinoa. Mientras se cuece la quinoa, echa las judías verdes en el aceite en un bol mediano y salpimiéntalas al gusto.

5. Coloca los trozos de salmón con la piel hacia abajo a lo largo de los bordes de la sartén. Coloca las judías en el centro de la sartén. Hornee de 14 a 18 minutos, hasta que el salmón esté bien cocido. El tiempo de horneado dependerá del grosor del pescado.

6. Mientras el salmón se hornea, deja reposar la quinoa, luego mézclala con los condimentos y resérvala.

7. Sacar el salmón del horno para que se enfríe.

8. Dividir la quinoa uniformemente en 5 recipientes de cristal grandes (aproximadamente ¾ de taza cada uno). Repartir las judías verdes entre los recipientes, colocándolas en un lado de la quinoa. Colocar un trozo de salmón en el otro lado.

Nutrición:

- Calorías: 411 kcal

- Grasa total: 17 g

- Grasas saturadas: 3 g

- Proteínas: 33 g

- Carbohidratos totales 29 g

- Fibra: 5 g

- Azúcar: 4 g

- Colesterol: 75 mg

Cena

Caldo de huesos de pollo

El caldo de huesos hecho en casa es rico en nutrientes y es conocido por ser curativo y restaurador. Hacer tu propio caldo de huesos puede ahorrarte dinero y asegurar que está lleno de todos los maravillosos beneficios sin ningún ingrediente no deseado. Hacer tu caldo de huesos en la olla instantánea elimina la necesidad de tener una olla hirviendo en tu estufa durante todo un día. ¡Esta receta hace el trabajo en poco más de 2 horas en total!

Tiempo de preparación: 10 minutos
Tiempo de cocción: 90 minutos
Porciones: 8
Ingredientes:

- Huesos de un pollo de 3-4 libras

- 4 tazas de agua

- 2 zanahorias grandes, cortadas en trozos

- 2 tallos grandes de apio

- 1 cebolla grande

- ramitas de romero fresco

- 3 ramitas de tomillo fresco

- 2 cucharadas de vinagre de sidra de manzana

- 1 cucharadita de sal kosher

Instrucciones:
1. Poner todos los ingredientes y dejarlos reposar durante 30 minutos.

2. Cocinar a presión y ajustar el tiempo a 90 minutos.

3. Libera la presión de forma natural hasta que la válvula de flotación baje y entonces desbloquea la tapa.

4. Colar el caldo y transferirlo a un recipiente de almacenamiento. El caldo se puede refrigerar de tres a cinco días o congelar hasta seis meses.

Nutrición:
Por porción:

- Calorías: 44 kcal

- Grasa: 1 g

- Proteínas: 7 g

- Sodio: 312 mg

- Fibra: 0 g

- Carbohidratos 0 g

- Azúcar: 0 g

Caldo de huesos de pollo con jengibre y limón

El caldo de huesos de pollo ya está repleto de nutrientes, pero si se le añade un poco de jengibre fresco y limón, los efectos saludables se multiplican.

Es una gran base para muchas sopas, o simplemente se puede utilizar como un caldo saludable para beber a sorbos.

Tiempo de preparación: 10 minutos

Tiempo de cocción: 90 minutos

Porciones: 8

Ingredientes:

- Huesos de un pollo de 3-4 libras

- 8 tazas de agua

- 2 zanahorias grandes, cortadas en trozos

- 2 tallos grandes de apio

- 1 cebolla grande

- 3 ramitas de romero fresco

- 3 ramitas de tomillo fresco

- 2 cucharadas de vinagre de sidra de manzana

- 1 cucharadita de sal kosher

- 1 pieza de media pulgada de jengibre fresco, en rodajas (no es necesario pelarlo)

- 1 limón grande, cortado en cuartos

Instrucciones:

1. Poner todos los ingredientes y dejar reposar durante 30 minutos.

2. Cocer a presión y ajustar el tiempo a 90 minutos.

3. Cuela el caldo con un colador de malla fina y pásalo a un recipiente de conservación.

4. Se puede refrigerar durante cinco días o congelar durante seis meses.

Nutrición:

- Calorías: 44 kcal

- Grasa: 1 g

- Proteínas: 7 g

- Sodio: 312 mg

- Fibra: 0 g

- Carbohidratos 0 g

- Azúcar: 0 g

Caldo de verduras

Hacer tu propio caldo de verduras no puede ser más fácil ni más rápido que cuando utilizas la olla instantánea. Y lo que es mejor, también ahorrarás dinero. Utiliza este sabroso caldo en cualquier sopa que requiera una base de caldo de verduras. Puedes ajustar el sabor de este caldo en función de tus preferencias. Juega con las verduras que utilices, sé creativo y encuentra tu combinación favorita utilizando esta receta base como guía. Es necesario lavar las verduras, pero no es necesario pelarlas.

Tiempo de preparación: 10 minutos
Tiempo de cocción: 40 minutos
Porciones: 8
Ingredientes:

- 2 zanahorias grandes

- 1 cebolla grande

- 2 tallos grandes de apio

- 8 onzas de champiñones blancos

- 5 dientes de ajo enteros

- 2 tazas de hojas de perejil

- 2 hojas de laurel

- 2 cucharaditas de granos de pimienta negra enteros

- 2 cucharaditas de sal kosher

- 10 tazas de agua

Instrucciones:

1. Coloca todos los ingredientes en el recipiente. Asegura la tapa.

2. Cocer a presión y ajustar el tiempo a 40 minutos.

3. Cuela el caldo con un colador de malla fina y pásalo a un recipiente de conservación. Se puede refrigerar de tres a cinco días o congelar hasta seis meses.

Nutrición:

- Calorías: 9 kcal

- Grasa: 0 g

- Proteínas: 0 g

- Sodio: 585 mg

- Fibra: 0 g

- Carbohidratos 2 g

- Azúcar: 1 g

Sopa de pollo con verduras

Dicen que la sopa de fideos de pollo es la sopa perfecta cuando se está enfermo, pero es mejor omitir los fideos y añadir más verduras. Esta sopa de pollo y verduras sabe como tu clásico favorito, pero sin los fideos que pueden contribuir a la inflamación.

Tiempo de preparación: 23 minutos
Tiempo de cocción: 15 minutos
Porciones: 8
Ingredientes:

- 2 cucharadas de aceite de aguacate

- 1 cebolla amarilla pequeña, pelada y picada

- 2 zanahorias grandes, peladas y picadas

- 2 tallos grandes de apio, sin los extremos y cortados en rodajas

- 3 dientes de ajo picados

- 1 cucharadita de tomillo seco

- 1 cucharadita de sal

- 8 tazas de caldo de pollo

- 3 pechugas de pollo deshuesadas, sin piel y congeladas

Instrucciones:

1. Calentar el aceite durante 1 minuto. Añadir la cebolla, las zanahorias y el apio, saltear durante 8 minutos.

2. Añade el ajo, el tomillo y la sal y saltea durante otros 30 segundos. Pulsa el botón Cancelar.

3. Añade el caldo y las pechugas de pollo congeladas a la olla. Asegura la tapa.

4. Cocina a presión y ajusta el tiempo a 6 minutos.

5. Deja enfriar en tazones para servir.

Nutrición:

- Calorías: 209 kcal

- Grasa: 7 g

- Proteínas: 21 g

- Sodio: 687 mg

- Fibra: 1 g

- Carbohidratos 12 g

- Azúcar: 5 g

Sopa de zanahoria y jengibre

El jengibre fresco le da a esta sopa un pequeño toque y, además, tiene un potente efecto antiinflamatorio. El jengibre es uno de los antiinflamatorios más potentes que se pueden utilizar, y combina perfectamente con la zanahoria en esta sopa ligera y saludable. Sírvela con una ensalada de verduras de primavera para un almuerzo que querrás comer todas las semanas.

Tiempo de preparación: 20 minutos
Tiempo de cocción: 21 minutos
Porciones: 4
Ingredientes:

- 1 cucharada de aceite de aguacate

- 1 cebolla amarilla grande, pelada y picada

- 1 libra de zanahorias, peladas y picadas

- 1 cucharada de jengibre fresco pelado y picado

- 1½ cucharaditas de sal

- 3 tazas de caldo de verduras

Instrucciones:

1. Añadir el aceite a la olla interior, dejando que se caliente durante 1 minuto.

2. Añade la cebolla, las zanahorias, el jengibre y la sal y saltea durante 5 minutos. Pulsa el botón de cancelar.

3. Añade el caldo, asegura la tapa y ajusta el tiempo a 15 minutos.

4. Deja que la sopa se enfríe unos minutos y pásala a una batidora grande. Bate a velocidad alta hasta que esté suave y luego sirve.

Nutrición:

- Calorías: 99 kcal

- Grasa: 4 g

- Proteínas: 1 g

- Sodio: 1.348 mg

- Fibra: 4 g

- Carbohidratos 16 g

- Azúcar: 7 g

Hash de batata y pavo

Esta versátil receta puede ser un desayuno o una opción de almuerzo para el trabajo.

Tiempo de preparación: 10 minutos
Tiempo de cocción: 17 minutos
Porciones: 4
Ingredientes:

* 1-½ cucharadas de aceite de aguacate

* 1 cebolla amarilla mediana, pelada y picada

* 2 dientes de ajo, picados

* 1 batata mediana, cortada en cubos (no es necesario pelarla)

* ½ libra de pavo molido sin grasa

* ½ cucharadita de sal

* 1 cucharadita de mezcla de condimentos italianos

Instrucciones:

1. Agrega el aceite y deja que se caliente 1 minuto y luego agrega la cebolla y cocine hasta que se ablande, aproximadamente 5 minutos. Añadir el ajo y cocinar 30 segundos más.

2. Añadir la batata, el pavo, la sal y el condimento italiano y cocinar durante otros 5 minutos.

Nutrición:

* Calorías: 172 kcal

* Grasa: 9 g

- Proteínas: 12 g

- Sodio: 348 mg

- Fibra: 1 g

- Carbohidratos 10 g

- Azúcar: 3 g

Tacos de Pavo en Lechuga

No volverás a pensar en los tacos de la misma manera después de haber probado esta receta. En lugar de tacos, una hoja grande de lechuga romana se convierte en el hogar de todos los ingredientes de los tacos. No solo es una forma saludable de disfrutar de los tacos, sino que la hoja fresca y crujiente es un agradable contraste con la mezcla caliente de los tacos.

Tiempo de preparación: 10 minutos
Tiempo de cocción: 24 minutos
Porciones: 4
Ingredientes:

- 1 cucharada de aceite de aguacate

- 1 cebolla mediana

- 2 zanahorias grandes

- 2 tallos medianos de apio

- 2 dientes de ajo picados

- 1 libra de pavo molido sin grasa

- 1 cucharadita de chile en polvo

- 1 cucharadita de pimentón

- 1 cucharadita de comino

- ½ cucharadita de sal

- ¼ de cucharadita de pimienta negra

- 1 taza de salsa de chipotle

- 12 hojas grandes de lechuga romana

- 1 aguacate mediano, pelado, sin hueso y en rodajas

Instrucciones:

1. Añade el aceite. Deja que el aceite se caliente durante 1 minuto y luego añada la cebolla, las zanahorias, el apio y el ajo. Cocinar hasta que se ablanden, unos 5 minutos.

2. Añadir el pavo y cocinar hasta que se dore durante unos 3 minutos.

3. Añadir el chile en polvo, el pimentón, el comino, la sal, la pimienta y la salsa y remover para combinar.

4. Para servir, pon una porción de la carne de taco en una hoja de lechuga romana y luego cubre con aguacate en rodajas.

Nutrición:

- Calorías: 339 kcal

- Grasa: 18 g

- Proteínas: 27 g

- Sodio: 900 mg

- Fibra: 8 g

- Carbohidratos 18 g

- Azúcar: 8 g

Pastel de carne de pavo y verduras

Ya no tendrás que preocuparse por no tener tiempo para cocinar el pastel de carne en una noche de semana muy ocupada: ¡la olla instantánea te ahorra una buena parte del tiempo de cocción normal! Añadir verduras a tu pastel de carne de pavo es una forma brillante de introducir más verduras con alta densidad de nutrientes en tu dieta. Talvez a tus comensales más exigentes ni siquiera les importe este pastel de carne húmedo y sabroso.

Tiempo de preparación: 15 minutos
Tiempo de cocción: 25 minutos
Porciones: 4
Ingredientes:

- 1 cucharada de aceite de aguacate

- 1 cebolla pequeña, pelada y picada

- dientes de ajo, picados

- 3 tazas de lechugas mixtas, picadas finamente

- 1 libra de pavo molido magro

- ¼ de taza de harina de almendras

- 1 huevo grande

- ¾ de cucharadita de sal

- ½ cucharadita de pimienta negra

Instrucciones:

1. Añade el aceite a la olla interior. Pulsa el botón de saltear y calienta el aceite durante 1 minuto.

2. Añade la cebolla y saltea hasta que se ablande, 3 minutos. Añade el ajo y las verduras y saltea durante 1 minuto más. Pulsa el botón Cancelar.

3. En un bol mediano, combina el pavo, la harina, el huevo, la sal y la pimienta.

4. Añade la mezcla de cebolla y verduras a la mezcla de pavo y remueve para combinar.

5. Enjuaga la olla interior y luego agrega 2 tazas de agua.

6. Haz un cabestrillo de papel de aluminio doblando un trozo grande de papel por la mitad y doblando los bordes hacia arriba.

7. Forma la mezcla de pavo en un pan rectangular y colócalo en el cabestrillo de papel de aluminio. Coloca el cabestrillo en la rejilla de vapor con asas y bájalo a la olla interior.

8. Saca con cuidado el pastel de carne de la olla interior y déjalo reposar durante 10 minutos antes de cortarlo para servir.

Nutrición:

- Calorías: 271 kcal

- Grasa: 17 g

- Proteínas: 25 g

- Sodio: 406 mg

- Fibra: 2 g

- Carbohidratos 5 g

- Azúcar: 1 g

Pechuga de pavo con salsa italiana simple

No dejes el pavo solo para Acción de Gracias. Esta sencilla receta te hará desear un pavo de Acción de Gracias durante todo el año. La olla instantánea produce una pechuga de pavo perfectamente húmeda y tierna en una fracción del tiempo que se tarda en cocinar en el horno.

Tiempo de preparación: 10 minutos

Tiempo de cocción: 18 minutos

Porciones: 4

Ingredientes:

- 1½ libras de pechuga de pavo deshuesada y sin piel

- 2 cucharadas de aceite de aguacate, divididas

- 1 cucharadita de pimentón dulce

- 1 cucharadita de mezcla de condimentos italianos

- ½ cucharadita de sal kosher

- ½ cucharadita de tomillo

- ¼ de cucharadita de sal de ajo

- ¼ de cucharadita de pimienta negra

Instrucciones:

1. Seca la pechuga de pavo con una toalla. Corta la pechuga de pavo por la mitad para que quepa en tu Instant Pot.

2. Unta ambos lados de la pechuga de pavo con 1 cucharada de aceite.

3. En un bol pequeño, mezcla el pimentón, el condimento italiano, la sal kosher, el tomillo, la sal de ajo y la pimienta. Frota esta mezcla en ambos lados de la pechuga de pavo.

4. Pulsa el botón Sauté y calienta la cucharada de aceite restante en la olla interior durante 2 minutos. Añade la pechuga de pavo y dórala por ambos lados, unos 3 minutos por lado. Pulsa el botón Cancelar.

5. Saca el pavo de la olla interior y colócalo en un plato. Añade 1 taza de agua a la olla interior y utiliza una espátula para raspar los trozos marrones que se hayan quedado pegados. Coloca la rejilla de vapor en la olla y la pechuga de pavo encima.

Nutrición:

- Calorías: 248 kcal

- Grasa: 9 g

- Proteínas: 40 g

- Sodio: 568 mg

- Fibra: 0 g

- Carbohidratos 0 g

- Azúcar: 0 g

Pollo con especias y verduras

Estos platos de pollo utilizan una atrevida mezcla de condimentos para hacer una sabrosa cena que es rápida y fácil de preparar.

Este plato es maravilloso servido con arroz integral básico o lentejas al curry de coco.

Tiempo de preparación: 15 minutos

Tiempo de cocción: 15 minutos

Porciones: 4

Ingredientes:

- 1 cucharadita de tomillo seco

- ¼ de cucharadita de jengibre molido

- ¼ de cucharadita de pimienta de Jamaica molida

- 1 cucharadita de sal kosher

- ½ cucharadita de pimienta negra

- 2 pechugas de pollo grandes con hueso

- ½ taza de caldo de pollo

- 2 cebollas medianas, peladas y cortadas en cuartos

- 4 zanahorias medianas

Instrucciones:

1. En un bol pequeño, mezcla el tomillo, el jengibre, la pimienta de Jamaica, la sal y la pimienta.

2. Utiliza la mitad de la mezcla de especias para sazonar las pechugas de pollo.

3. Vierte el caldo de pollo en la olla interior y luego añade las pechugas de pollo.

4. Coloca las cebollas y las zanahorias encima del pollo y espolvoréalas con el resto de la mezcla de especias.

5. Retirar el pollo y las verduras y servir solo o con arroz o lentejas.

Nutrición:

- Calorías: 337 kcal

- Grasa: 5 g

- Proteínas: 56 g

- Sodio: 755 mg

- Fibra: 3 g

- Carbohidratos 12 g

- Azúcar: 5 g

Pechuga de pavo al ajo y limón

Las pechugas de pavo son tan fáciles de hacer en la olla instantánea que vale la pena probar diferentes combinaciones de sabores. Esta receta utiliza limón y ajo, una combinación clásica. La ralladura de limón acentúa el sabor, y el ajo y la chalota añaden complejidad. A toda la familia le encantará el sabor de esta cena, y te encantará lo fácil que es prepararla.

Tiempo de preparación: 10 minutos
Tiempo de cocción: 17 minutos
Porciones: 4
Ingredientes:

- 1 (1½ libra) de pechuga de pavo deshuesada y sin piel

- 2 cucharadas de aceite de aguacate, divididas

- Ralladura de ½ limón grande

- ½ chalote mediano, pelado y picado

- 1 diente de ajo grande, picado

- ½ cucharadita de sal kosher

- ¼ de cucharadita de pimienta negra

Instrucciones:

1. Seca la pechuga de pavo con una toalla. Corta la pechuga de pavo por la mitad para que quepa en tu Instant Pot.

2. Unta ambos lados de la pechuga de pavo con 1 cucharada de aceite.

3. En un tazón pequeño, mezcla la ralladura de limón, la chalota, el ajo, la sal y la pimienta. Frota esta mezcla en ambos lados de la pechuga de pavo.

4. Pulsa el botón de Saltear y calienta la cucharada de aceite restante en la olla interior durante 2 minutos. Añade la pechuga de pavo y dórala por ambos lados, unos 3 minutos por lado. Pulsa el botón Cancelar.

5. Saca el pavo de la olla interior y colócalo en un plato. Añade 1 taza de agua a la olla interior y utiliza una espátula para raspar los trozos marrones que se hayan quedado pegados. Coloca la rejilla de vapor en la olla y la pechuga de pavo encima de ella.

6. Cortar en rodajas y servir.

Nutrición:
- Calorías: 250 kcal

- Grasa: 9 g

- Proteínas: 40 g

- Sodio: 445 mg

- Fibra: 0 g

- Carbohidratos 1 g

- Azúcar: 0 g

Pollo y verduras al estilo casero

El pollo y las verduras al estilo casero es siempre una de las cenas favoritas de la familia. Las pechugas de pollo con hueso se mantienen húmedas y tiernas, las zanahorias y las patatas se cocinan al mismo tiempo en la misma olla. Esas zanahorias de color naranja brillante también tienen vitamina A y beta-caroteno, que se cree que son potentes combatientes de la inflamación. La hora de la cena nunca ha sido tan fácil ni tan deliciosa.

Tiempo de preparación: 5 minutos
Tiempo de cocción: 15 minutos
Porciones: 4
Ingredientes:

- 2 pechugas de pollo grandes con hueso

- 1 cucharadita de sal kosher, dividida

- ½ cucharadita de pimienta negra, dividida

- ½ taza de caldo de pollo

- 6 zanahorias grandes

- 8 patatas enteras medianas

Instrucciones:

1. Sazonar las pechugas de pollo con ½ cucharadita de sal y ¼ de cucharadita de pimienta.

2. Verter el caldo en la olla.

3. Añadir las pechugas de pollo, colocar las zanahorias y las patatas encima del pollo.

4. Sazonar con el resto de la sal y la pimienta.

5. Pasar a los platos para servir y echar los jugos por encima.

Nutrición:

- Calorías: 398 kcal

- Grasa: 5 g

- Proteínas: 58 g

- Sodio: 822 mg

- Fibra: 5 g

Terneras de pollo con salsa de miel y mostaza

Todo es mejor con una sabrosa salsa para mojar, y esta receta no es una excepción. Estos filetes de pollo se cocinan rápida y perfectamente en la olla instantánea, y se hacen aún mejor con una sencilla salsa para mojar de dos ingredientes. Esta es una cena para niños que toda la familia disfrutará.

Tiempo de preparación: 5 minutos
Tiempo de cocción: 7 minutos
Porciones: 4
Ingredientes:

- 1 libra de filetes de pollo

- 1 cucharada de hojas de tomillo fresco

- ½ cucharadita de sal

- ¼ de cucharadita de pimienta negra

- 1 cucharada de aceite de aguacate

- 1 taza de caldo de pollo

- ¼ de taza de mostaza de Dijon

- ¼ de taza de miel cruda

Instrucciones:

1. Secar los filetes de pollo con una toalla y luego condimentarlos con tomillo, sal y pimienta.

2. Añade el aceite y deja que se caliente durante 2 minutos. Añade los filetes de pollo y séllalos hasta que se doren por ambos lados, aproximadamente 1 minuto por lado. Pulsa el botón de cancelar.

3. Retira los filetes de pollo y resérvalos. Añade el caldo a la olla. Utiliza una cuchara para raspar los trozos pequeños del fondo de la olla.

4. Colocar la rejilla de vapor en la olla interior y colocar los filetes de pollo directamente en la rejilla.

5. Mientras se cocina el pollo, prepara la salsa de miel y mostaza.

6. En un bol pequeño, combina la mostaza de Dijon y la miel, remueve para combinar.

7. Servir los filetes de pollo con la salsa de miel y mostaza.

Nutrición:

- Calorías: 223 kcal

- Grasa: 5 g

- Proteínas: 22 g

- Sodio: 778 mg

- Fibra: 0 g

- Carbohidratos 19 g

- Azúcar: 18 g

Pechugas de pollo con col y champiñones

Si crees que las pechugas de pollo sin hueso y sin piel tienen que ser insípidas o aburridas, piénsalo de nuevo. La col y los champiñones aportan un toque de sabor a esta comida de una sola olla. La col y los champiñones también tienen compuestos que combaten la inflamación, lo que hace que esta comida sea perfecta para tu dieta antiinflamatoria.

Tiempo de preparación: 10 minutos
Tiempo de cocción: 18 minutos
Porciones: 4
Ingredientes:

- 2 cucharadas de aceite de aguacate

- 1 libra de champiñones Baby Bella en rodajas

- 1½ cucharaditas de sal, divididas

- 2 dientes de ajo, picados

- 8 tazas de col verde picada

- 1½ cucharaditas de tomillo seco

- ½ taza de caldo de pollo

- 1½ libras de pechugas de pollo deshuesadas y sin piel

Instrucciones:

1. Añada el aceite. Dejar que se caliente durante 1 minuto. Añade los champiñones y ¼ de cucharadita de sal y saltea hasta que se hayan cocinado y suelten su líquido, unos 10 minutos.

2. Añade el ajo y saltea durante otros 30 segundos. Pulsa el botón de cancelación.

3. Añade la col, ¼ de cucharadita de sal, el tomillo y el caldo a la olla interior y remueve para combinar.

4. Seca las pechugas de pollo y espolvorea ambos lados con el resto de la sal. Colócalas encima de la mezcla de col.

5. Pasarlas a los platos y echar los jugos por encima con una cuchara.

Nutrición:

- Calorías: 337 kcal

- Grasa: 10 g

- Proteínas: 44 g

- Sodio: 1.023 mg

- Fibra: 4 g

- Carbohidratos 14 g

- Azúcar: 2 g

Arroz con pollo y lima al coco

El pollo con arroz es un clásico favorito, y aquí se le da un toque caribeño. La leche de coco da a este plato una textura cremosa y rica. Aunque la leche de coco entera es la que más sabor aporta, la versión light también funciona. El jengibre seco añade sabor a esta receta, pero eso no es todo. El jengibre contiene gingeroles, que poseen poderosas propiedades antiinflamatorias y antioxidantes.

Tiempo de preparación: 5 minutos
Tiempo de cocción: 5 minutos
Porciones: 4
Ingredientes:

- 1 taza de arroz jazmín

- 1 lata de leche de coco entera sin azúcar

- ½ taza de caldo de pollo

- 1¼ libras de pechugas de pollo deshuesadas y sin piel

- 1 cucharadita de sal

- ½ cucharadita de comino molido

- ¼ de cucharadita de jengibre molido

- Jugo de 1 lima mediana

- ½ taza de hojas y tallos de cilantro picados

Instrucciones:

1. Coloca el arroz, la leche de coco, el caldo, el pollo, la sal, el comino y el jengibre en la olla interior y revuelve para combinar.

2. Añade el zumo de lima y reparte en cuatro cuencos. Cubre cada cuenco con la misma cantidad de cilantro y sirve.

Nutrición:

- Calorías: 527 kcal

- Grasa: 22 g

- Proteínas: 38 g

- Sodio: 702 mg

- Fibra: 1 g

- Carbohidratos 38 g

- Azúcar: 1 g

Postres

Bolas de Mantequilla de Almendra Veganas

Tiempo de preparación: 10 minutos
Tiempo de cocción: 0 minutos
Porciones: 4
Ingredientes:

- 12 dátiles sin hueso y cortados en dados

- ½ cucharada de mantequilla de almendras

- 1/3 de taza de coco rallado sin azúcar

Instrucciones:

1. Coge un recipiente y pon los dátiles, la mantequilla de almendras y el coco. Mezclar bien

2. Utiliza la mezcla para hacer pequeñas bolas

3. Guárdalas en la nevera y enfríalas

4. ¡Disfruta!

Nutrición:

- Calorías: 62 kcal

- Grasa: 3 g

- Carbohidratos 8 g

- Proteínas: 1 g

Barras de plátano

Tiempo de preparación: 10 minutos
Tiempo de cocción: 60 minutos
Porciones: 4
Ingredientes:

- ½ taza de leche de coco

- ½ taza de mantequilla derretida

- 1 taza de Chips de Chocolate

- 1 cucharadita de bicarbonato de sodio

- 1 cucharadita de extracto puro de vainilla

- 1/4 de cucharada de canela

- 1 taza de azúcar moreno

- 2 tazas de harina de trigo integral

- 2 huevos

- 1 taza de puré de plátano maduro

- Sal

Instrucciones:

1. Precalienta tu horno a 170 °C.

2. Mezcla todos los ingredientes para hacer la masa.

3. Poner la masa en una bandeja ancha y hornear durante unos veinte minutos a 170 °C.

4. Servir con chocolate líquido o frutas.

Nutrición:

- Calorías: 330 kcal

- Carbohidratos: 8.80 g

- Grasa: 13,0 g

- Proteínas: 12,4 g

Plátano a la canela

Tiempo de preparación: 2 minutos
Tiempo de cocción: 8 minutos
Porciones: 2-4
Ingredientes:

- 1 plátano grande, cortado en ½ pulgada

- 1 cucharadita de canela

- 2 cucharaditas de aceite de oliva

- 1 cucharadita de miel

Instrucciones:

1. En un recipiente pequeño, poner la miel y la canela y mezclar bien.

2. Calentar el aceite de oliva en una sartén. Cocinar las rodajas de plátano durante un par de minutos o hasta que se doren por todas partes.

3. Verter la mezcla de miel y canela sobre los plátanos y servir.

Nutrición:

- Calorías: 33 kcal

- Proteínas: 1,64 g

- Grasa: 1,52 g

- Carbohidratos: 3.43 g

Galletas de plátano y canela

Tiempo de preparación: 5 minutos
Tiempo de cocción: 10 minutos
Porciones: 2
Ingredientes:

- 2 plátanos maduros, pelados

- ¼ de taza de leche de almendras, sin azúcar

- dátiles sin hueso

- 1 cucharada de canela

- 1 cucharadita de vainilla

- 1½ cucharadita de zumo de limón

- 3 cucharadas de arándanos secos y picados

- 1 cucharadita de levadura en polvo

- 2 cucharadas de pasas secas y picadas

- 2/3 de taza de compota de manzana sin azúcar

- 2/3 de taza de harina de coco

Instrucciones:

1. Precalienta tu horno a 350 °F.

2. Utiliza un procesador de alimentos para mezclar la leche de almendras, el puré de manzana, los dátiles y los plátanos. Bate hasta conseguir una consistencia suave.

3. Añade la harina de coco, la levadura en polvo, la canela, la vainilla y el zumo de limón. Mezclar durante un minuto. Doblar los arándanos y las pasas.

4. Verter una bandeja de horno con la masa de galletas. Poner dentro del horno durante unos veinte minutos.

5. Dejar reposar cinco minutos para que se endurezca y servir.

Nutrición:
- Calorías: 53 kcal

- Proteínas: 9,28 g

- Grasa: 7,58 g

- Carbohidratos: 65.87 g

Panqueques de remolacha

Tiempo de preparación: 10 minutos
Tiempo de cocción: 12 minutos
Porciones: 3
Ingredientes:

- ½ taza de Leche Espesa

- ½ taza de mantequilla derretida

- 1 taza de harina

- 1 huevo grande

- 1 cucharada de polvo de hornear

- 1 cucharadita de extracto de vainilla

- 1/3 de taza de yogur griego natural

- 1/4 cucharadita de bicarbonato de sodio

- 1 taza de harina de trigo integral

- 1 taza de puré de remolacha asada

- 1 cucharadita de azúcar moreno

- Sal

Instrucciones:

1. Combinar los ingredientes secos en un recipiente.

2. En otro recipiente, combina los ingredientes húmedos.

3. Mezclar ambas mezclas hasta conseguir la suavidad deseada.

4. Freír la masa en una sartén para hacer panqueques.

5. Servir con nata montada.

Nutrición:

- Calorías: 359 kcal

- Carbohidratos: 60 g

- Grasa: 3,0 g

- Proteínas: 18,4 g

Helados de bayas

Tiempo de preparación: 3 horas 5 minutos
Tiempo de cocción: 0 minutos
Porciones: 4
Ingredientes:

* ¼ de taza de agua

* 1 taza de arándanos, frescos o congelados

* 1 taza de fresas, frescas o congeladas

* 1 cucharadita de zumo de limón, fresco

* 2 tazas de yogur de leche entera, natural

* 2 cucharadas de miel cruda

Instrucciones:

1. Poner todos los ingredientes juntos en una batidora, y batir hasta conseguir la suavidad deseada.

2. Verter en los moldes y congelar durante un mínimo de tres horas antes de servir.

Nutrición:

* Calorías: 140 kcal

* Proteínas: 5 gramos

* Grasa: 4 gramos

* Carbohidratos: 23 gramos

Parfait de bayas

Tiempo de preparación: 10 minutos
Tiempo de cocción: 10 minutos
Porciones: 5
Ingredientes:

- 14 oz. / 400 g de bayas mixtas

- 1 cucharadita de miel

- 3,5 oz. / 100 g de yogur griego

- 7 oz. / 200 g de mantequilla de almendras

- 7 oz. / 200 g de mezcla de frutos secos

Instrucciones:

1. Combinar el yogur griego, la mantequilla y la miel hasta que esté suave.

2. Poner una capa de bayas y otra de la mezcla en un vaso hasta llenarlo.

3. Servir al instante con nueces espolvoreadas.

Nutrición:

- Calorías: 250 kcal

- Carbohidratos: 17 g

- Proteínas: 7,2 g

- Grasa: 19,4 g

- Azúcar: 42,3 g

- Fibra: 6,6 g

- Sodio: 21 mg

Yogur de bayas y plátano

Tiempo de preparación: 10 minutos
Tiempo de cocción: 0 minutos
Porciones: 1
Ingredientes:

- ¼ de taza de berza picada

- ¼ de taza de avena de cocción rápida

- ½ plátano, fresco y congelado

- ½ taza de arándanos, frescos y congelados

- 1 envase de yogur griego de 5,3 onzas, sin grasa

- 1 taza de leche de almendras

- 5-6 cubitos de hielo

Instrucciones:

1. Coge una taza apta para microondas y pon 1 taza de leche de almendras y ¼ de taza de avena

2. Poner las tazas en el microondas a máxima potencia durante 2,5 minutos

3. Cuando la avena esté cocida, añade 2 cubitos de hielo para que se enfríe

4. Combínalos bien

5. Coloca todos los ingredientes en tu licuadora

6. Licuar hasta que esté suave y cremoso

7. Se disfruta mejor en frío.

Nutrición:

- Calorías: 379 kcal

- Grasa: 10 g

- Carbohidratos: 63 g

- Proteínas: 13 g

Tazón de batido verde

Tiempo de preparación: 15 minutos
Tiempo de cocción: 0 minutos
Porciones: 2
Ingredientes:

- 2 tazas de espinacas tiernas envasadas

- 1 manzana verde sin corazón

- 1 plátano pequeño maduro

- ½ aguacate maduro

- 1 cucharada de jarabe de arce

- ½ taza de bayas mixtas

- ¼ de taza de almendras tostadas (opcional)

- 1 cucharadita de semillas de sésamo

Instrucciones:

1. Combina las espinacas, la manzana, el plátano, el aguacate y el jarabe de arce en una licuadora y mezcla hasta que esté suave. La mezcla debe ser espesa.

2. Dividir la mezcla en dos cuencos. Cubrir con las bayas, las almendras (si se utilizan) y las semillas de sésamo, y servir.

Nutrición:

- Calorías: 280 kcal

- Grasa total: 14 g

- Carbohidratos totales: 38 g

- Azúcar: 21 g

- Fibra: 9 g

- Proteínas: 6 g

- Sodio: 40 mg

Batido de cúrcuma y almendra

Tiempo de preparación: 10 minutos
Tiempo de cocción: 0 minutos
Porciones: 2
Ingredientes:

- 1 pera sin corazón y cortada en cuartos

- tazas de espinacas tiernas

- ¼ de aguacate

- 1 taza de tofu sedoso

- 1 cucharadita de cúrcuma molida o 1 rodaja fina de raíz de cúrcuma

  pelada

- ½ taza de leche de almendras sin azúcar

- 2 cucharadas de miel (opcional)

- 1 taza de hielo

Instrucciones:

1. En una licuadora, combina todos los ingredientes y bátelos hasta que estén suaves. Divide en dos vasos y sirve.

2. Consejo de sustitución: si las peras no son de temporada, puedes sustituirlas por una manzana para obtener un sabor similar y una recompensa nutricional.

Nutrición:

- Calorías: 270 kcal

- Grasa total: 11 g

- Carbohidratos totales: 38 g

- Azúcar: 27 g

- Fibra: 6 g

- Proteínas: 10 g

- Sodio: 80 m

Leche de cúrcuma

Tiempo de preparación: 15 minutos
Tiempo de cocción: 0 minutos
Porciones: 2
Ingredientes:

- ½ cucharada de jarabe de arce

- 1/4 de cucharadita de canela molida

- Una pizca de pimienta negra

- 1 cucharadita de cúrcuma molida

- 2 tazas de leche de anacardo, leche de almendras o leche de coco

Instrucciones:

1. Pon tu horno a fuego medio y coloca una olla en él. Añade todos los ingredientes en ella.

2. A continuación, deja que se cocine a fuego lento durante diez minutos.

3. Vierte la leche de cúrcuma en dos tazas y sirve.

Nutrición:

- Calorías: 270 kcal

- Grasa total: 11 g

- Carbohidratos totales: 38 g

- Azúcar: 27 g

- Fibra: 6 g

- Proteínas: 10 g

- Sodio: 80 m

Té helado de limón y romero

Tiempo de preparación: 10 minutos
Tiempo de cocción: 0 minutos
Porciones: 2
Ingredientes:

- ½ taza de azúcar

- 4 tazas de agua

- Una ramita de romero

- 2 limones

- 4 bolsas de té (Earl Grey)

Instrucciones:

1. Pelar los limones, pero no tomar demasiado de la parte blanca en las cáscaras porque hará que el té sea amargo.

2. En una olla de tamaño pequeño, añade el agua, las cáscaras de limón y el azúcar. Hervir.

3. Retira la olla y añade las bolsitas de té y la ramita de romero. Mantén la tapa y deja la olla a un lado durante cinco minutos.

4. Cuela el té y retira las bolsitas. Coge los limones pelados, exprímelos y añade el zumo al té. Sírvelo frío con hielo.

Nutrición:

- Calorías: 379 kcal

- Grasa: 10 g

- Carbohidratos: 63 g

- Proteínas: 13 g

Conclusión

La dieta occidental es rica en carne, azúcares refinados y carbohidratos. Como resultado de este estilo de dieta, se puede desencadenar la inflamación en el cuerpo. Esta inflamación puede causar enfermedades crónicas y, por tanto, muchos problemas al organismo. La mejor manera de reducir el riesgo de enfermedades crónicas es a través de una dieta antiinflamatoria, o un estilo de dieta basado en plantas Evaluar y valorar la validez de cada afirmación con pruebas científicas.

Las proteínas y los ácidos grasos omega-3 son antiinflamatorios. Cuando se reduce la inflamación, disminuye el riesgo de enfermedad y el cuerpo puede curarse a sí mismo. Es habitual seguir el mismo patrón de alimentación durante años. En Estados Unidos, es común que las personas coman una mayor cantidad de carne y carbohidratos, lo que puede causar inflamación en el cuerpo la mejor dieta para reducir la inflamación es un estilo de dieta basado en plantas. Este estilo de dieta baja en grasas saturadas y alta en fibra también es saludable para el corazón Las investigaciones demuestran que el consumo de alimentos específicos, como las frutas y las verduras, reduce la inflamación en el cuerpo.

La dieta mediterránea es rica en alimentos de origen vegetal y reduce la inflamación. La dieta mediterránea disminuye el riesgo de enfermedades coronarias. La dieta antiinflamatoria debe incluir una variedad de frutas y verduras saludables, cereales integrales, legumbres, frutos secos y semillas. Algunos de los mejores alimentos antiinflamatorios son los pescados como el salmón, el atún y la caballa. La pérdida de peso es habitual cuando se sigue una dieta antiinflamatoria. La dieta mediterránea se ha relacionado con la reducción de la inflamación en el cuerpo.

La Asociación Americana del Corazón recomienda una dieta antiinflamatoria para reducir el riesgo de enfermedades cardiovasculares. Los carbohidratos saludables incluyen frutas, verduras, cereales integrales, legumbres y frutos secos. Una dieta basada en plantas tiene un alto contenido en fibra y reduce la inflamación en el cuerpo. Para reducir la inflamación en el cuerpo, hay que llevar una dieta antiinflamatoria. Los ácidos grasos omega-3 que se encuentran en el pescado pueden reducir el riesgo de inflamación y de enfermedades cardíacas. Los omega-3 reducen la inflamación en el cuerpo. Los ácidos grasos omega-3 y las proteínas pueden reducir la inflamación.

La mayoría de los estadounidenses siguen una dieta con alto contenido de azúcares refinados, grasas saturadas, alimentos fritos y alimentos procesados. La dieta occidental es alta en grasas y azúcares. Las dietas occidentales consisten en muchos alimentos procesados, altos en azúcar refinada, y también en carne, lo que puede causar inflamación dentro del cuerpo. El aumento de los ácidos grasos omega-6 puede desencadenar una respuesta inflamatoria en el cuerpo. Existe una relación entre la dieta occidental y los niveles de inflamación en el cuerpo. Debido al consumo de alimentos poco saludables, las personas son más propensas a tener marcadores inflamatorios altos en el cuerpo. Los marcadores inflamatorios, como la proteína C reactiva, están relacionados con una dieta occidental. Una dieta occidental puede causar inflamación en el organismo. La inflamación está implicada en varias enfermedades crónicas como el cáncer, las enfermedades cardiovasculares y la diabetes de tipo 2. Una dieta rica en grasas y azúcares puede provocar inflamación en el organismo. La dieta occidental es un estilo de alimentación rico en grasas y azúcares refinados. Las investigaciones indican que la dieta occidental está relacionada con la inflamación crónica. La dieta occidental es rica en grasas y azúcares. La dieta occidental provoca inflamación en el organismo. Las personas con sobrepeso tienen más posibilidades de desarrollar enfermedades inflamatorias como la diabetes de tipo 2 y las enfermedades cardiovasculares. Una dieta occidental puede provocar un aumento de peso al incrementar la inflamación en el organismo.

Lightning Source UK Ltd.
Milton Keynes UK
UKHW020643240521
384271UK00011B/785